全国高等医学院校配套实验教材

人体寄生虫学实验指导

向志伟
迪丽拜尔·马合木提　主编

科学出版社
北京

内 容 简 介

本书为《人体寄生虫学》教材的配套实验教材。包括实验总则、人体寄生虫形态学观察内容、寄生虫病实验诊断技术三大部分。本书坚持以“三基”为主,强调基础与临床联系。

本书适合医学院校各学制学生使用。

图书在版编目(CIP)数据

人体寄生虫学实验指导/向志伟,迪丽拜尔·马合木提主编.—北京:科学出版社,2006

全国高等医学院校配套实验教材

ISBN 978-7-03-017936-4

Ⅰ.人…　Ⅱ.①向…②迪…　Ⅲ.医学:寄生虫学-实验-医学院校-教学参考资料　Ⅳ.R38-33

中国版本图书馆 CIP 数据核字(2006)第 100821 号

责任编辑:胡治国　夏　宇　李国红/责任校对:纪振红
责任印制:赵　博/封面设计:黄　超

科学出版社出版
北京东黄城根北街 16 号
邮政编码:100717
http://www.sciencep.com
三河市骏杰印刷有限公司印刷
科学出版社发行　各地新华书店经销
*
2006 年 8 月第 一 版　开本:720×1000 1/16
2021 年 1 月第十次印刷　印张:7　插页:2
字数:134 000

定价:19.00 元

(如有印装质量问题,我社负责调换)

前　言

为适应医学教育发展形势，满足教学需要，依据人体寄生虫学课程教学大纲的最新要求，我们重新修订编写了《人体寄生虫学实验指导》。

人体寄生虫学属病原生物学范畴，实验教学以形态观察和诊断技术为重点。教材编写过程中，在力求反映教学改革成果，坚持以“三基”为主，强调基础与临床联系的同时，突出本门实验课的形态学科特点，精心选择插图、按章列表总结，以其图文并茂，启发学生的思维，拓宽科研思路及培养创新精神。

本“实验指导”分实验总则、寄生虫形态学观察内容和寄生虫病实验诊断三个部分。主要内容包括：医学蠕虫、医学原虫、医学节肢动物、病原学诊断技术、免疫学诊断技术、分子生物学诊断技术六个章节。

本“实验指导”是与《人体寄生虫学》相适应的配套教材。供高等医药院校基础、临床、预防、口腔和药学等专业使用。

由于编者学识有限，加之时间仓促，书中难免有遗漏和错误之处，敬请同道批评指正。

向志伟

2006年7月

目　录

第一部分　实验总则

第二部分　人体寄生虫形态学观察内容

第三部分 寄生虫病实验诊断技术

第一部分 实验总则

实验总则

本实验指导系供基础、临床、预防、口腔医学专业学生使用，各专业、班级可根据不同的具体情况选择有关的内容进行实验。

一、人体寄生虫学实验的目的

人体寄生虫学是研究寄生虫与人体关系的科学。它既是一门形态科学，又是一门实验性科学，是临床实践中技术性很强的专业技能。要求医学生实习的目的：①加深理解、巩固和掌握本学科的基本理论知识；②掌握寄生虫检验的基本技能，重点应牢固掌握常见寄生虫的特别是与诊断有关的形态特点及其实验诊断技术。为此，要求学生必须通过理论学习，投入实验操作、观察标本和训练技术，全面达到上述目的；要求教师在实际工作中培养学生实事求是、严肃认真的科学态度，以及独立工作和分析问题的能力，为今后从事寄生虫病的诊断、防治和研究打下坚实的基础。

二、光学显微镜的使用与维护

寄生虫学实验最常用的仪器是显微镜，学生应在细胞生物学、人体组织胚胎学的学习基础上进一步熟练掌握对显微镜的使用与维护，这是寄生虫学实验要求掌握的基本技能之一。以下将其使用的方法和注意点扼要介绍如下：

1. 使用方法　先将反光镜对好光源，再用聚光器调节光的强度，然后将要观察的标本置于载物台上用低倍镜观察，以粗螺旋调节至物像可见，以细螺旋调节至物像清晰。需用高倍镜观察时，应将待观察的部分移向视野中央，再转换高倍镜。如果要求用油镜观察，应先在低倍镜下找到观察的物体平面，滴加镜油，然后转油镜观察。值得指出的是：用高倍镜和油镜时，光线要求更强，应注意调节。调节部件主要是聚光器（上调光增强，下调光变弱）、光阑（开大则亮，缩小则暗）和反光镜（如为带电光源显微镜，则需调节光源电位器来控制光量）。

2. 镜下观察标本方法　为保证被观察的标本不遗漏，必须按一定的顺序进行观察。高倍镜下观察含粪、尿等排泄分泌物时，应加盖盖玻片，以免污染镜头。

3. 维护方法　显微镜是一种较贵重的仪器，保养不好将造成损失并影响观察标本的效果和工作效率。因此，应正确进行保养：①从镜柜中拿出或放入时，应防止反光镜掉落损坏;②镜头不干净或污染有镜油时,可滴少量清洁剂(含 30% 乙醇的乙醚溶液),然后用拭镜纸作旋转式轻擦(决不可用拭镜纸干擦镜面,更不能用手和粗布擦拭,以防损坏镜头或沾染油污);③接物镜或接目镜不得随便拿出或卸下,以防灰尘落入镜筒内;④保持反光镜镜面清洁;⑤不得将显微镜置于日光下曝晒和使用;⑥使用完毕,应将物镜台上的标本取下,已使用的油镜头,应用清洁剂擦拭。

三、生物学绘图原则

对寄生虫标本绘图,需按照生物学绘图的原则,这是寄生虫学基本技能训练的内容之一。进行绘图前应仔细观察标本,在标本特征认识的基础上,再下笔描绘,力求做到真实准确。同时要做到:①形象正确,标本的外形和内部结构的形象要符合实际;②比例正确,标本的长度、内部结构的位置和比例,以及整体安排要恰当;③色彩正确,绘蠕虫虫卵和虫体图一般用黑色铅笔,而且要求以线和点构成轮廓图,不得用涂阴影的方法做图。线条要光滑,无重叠现象,对某些原虫则按染色标本的实际颜色作图;④标字规格,标字是说明标本结构的方法,一律用平行线引出后标字。

四、寄生虫标本的类别、实验方法与注意事项

1. 标本类别与观察方法　寄生虫标本一般分为大体标本(10% 甲醛溶液固定标本或浸制标本)、针插标本和玻片标本(包括封片标本和染色标本)。观察时应分别采用不同的方法。

(1) 大体标本:主要为较大的寄生虫虫体与其所引起的病理标本,可用肉眼或放大镜观察,观察时首先要辨认是何种寄生虫、何阶段,然后仔细观察其形态、大小、颜色和结构,结合致病性与诊断,达到系统掌握。如为病理标本则应联系寄生虫的致病机制,掌握其病理改变的特征。

(2) 针插标本:一般为昆虫标本,装在透明管中,用肉眼或放大镜观察,了解外观基本结构特征。

(3) 玻片标本:为某些体积较小的寄生虫成虫、幼虫及蠕虫虫卵和原虫,分别采用不同方法制作而成。它们是要求观察和掌握的主要标本。一般观察方法为:

1) 对自学标本首先要了解标本的大小,如为较大的虫体,则应用扩大镜或解剖镜观察,否则应用显微镜观察(先在低倍镜下寻找标本,并将其移至视野中,然后换高倍镜观察其细微结构;虫体很小的原虫标本,需在镜油下观察才可辨清形态结构)。

2）镜检粪便、血液和体液等涂片标本时，必须按下图所示顺序进行，仔细观察，不得遗漏，以免影响被检结果的准确性。

标本顺序观察法示意图

3）由于寄生虫标本的厚薄和颜色深浅不同，大小不一致，在观察标本时，要求的放大倍数和对光线的强度也不相同，故应随时作适当调整，才能看清物像。

4）对要求在镜下观察的示教标本，一般有指针指在视野中央，观察时，请勿移动玻片，以免影响其他同学观察。

2. 实验技术操作　各项技术操作，特别是对粪便和血液或体液中各种寄生虫的检查方法（包括获取标本、标本处理或虫体染色等技术），是本学科要求学生应掌握的主要技术。必须按照实验要求，认真操作，并积极思考每种方法的设计依据，了解各个操作环节的意义。在操作过程中，既要做到不怕脏、不怕臭，又要避免粪、血和其他体液对实验环境的污染，防止产生实验室感染。

此外，有电化教学条件的学校，可将视听相结合的电视录像安排在实验教学之中，这些生动的图像和内容可帮助同学们从中看到一些在书本上看不到的东西。帮助学生应充分利用这一条件。

3. 注意事项

（1）实验前应预习当次实验内容，进实验室要穿白大衣，随带实习指导与教材。

（2）实验时应严格遵守实验室规则：①不迟到、不早退，并保持肃静；②服从老师的指导和安排，并严格按照实验指导规程认真做好各项实验，根据自己的实验结果按时完成作业，若要求写实验报告，应简明扼要、重点突出；③实验过程中不得擅自移动示教标本，如有不清楚者，可请老师解决，以免搞错，影响其他同学观察；要爱惜显微镜、标本、药品及实验室其他物品；④实验后应将污染的标本和玻片等物放在指定地方，并清洗干净。

（3）应理论联系实际，锻炼独立思考问题和解决问题的能力。

第二部分 人体寄生虫形态学观察内容

第一章　医学蠕虫

实验一　似蚓蛔线虫(蛔虫)
(*Ascaris lumbricoides*)

(一) 提要

蛔虫寄生在人体小肠内。虫卵随粪便排出,在外界合适条件下约经 2~3 周发育为感染性卵,被人吞食后,幼虫在小肠内浮出,经移行至肺,再进入消化道而发育为成虫。实验室诊断主要检查粪便内的蛔虫卵。

(二) 要求

1. 辨认蛔虫受精卵和未受精卵的形态特点。
2. 熟悉雌、雄蛔虫的基本形态特征。
3. 通过蛔虫解剖标本,了解寄生虫某些器官的发展与退化。
4. 掌握粪便直接涂片法的操作技术。

(三) 实验

1. 蛔虫受精卵　先用低倍镜找到圆形或椭圆形棕黄色的虫卵,再换高倍镜观察。注意光线不宜太强。

(1) 外形:外表凹凸不平,大小约为(45~75)μm×(35~50)μm。

(2) 颜色:棕黄色。

(3) 卵壳:壳质层较厚而光滑,无色,外面为凹凸不平的蛋白质膜呈棕黄色。

(4) 内含物:为一个大而圆的细胞、与卵壳间常见有新月形空隙(图 1-1)。

2. 蛔虫未受精卵　观察方法同上。

(1) 外形:长椭圆形或不定形,两端较平,大小约为(88~94)μm×(39~40)μm。

(2) 颜色:棕黄色。

(3) 卵壳:壳质层和蛋白质膜比受精卵薄。

(4) 内含物:充满大小不等的折光性颗粒。

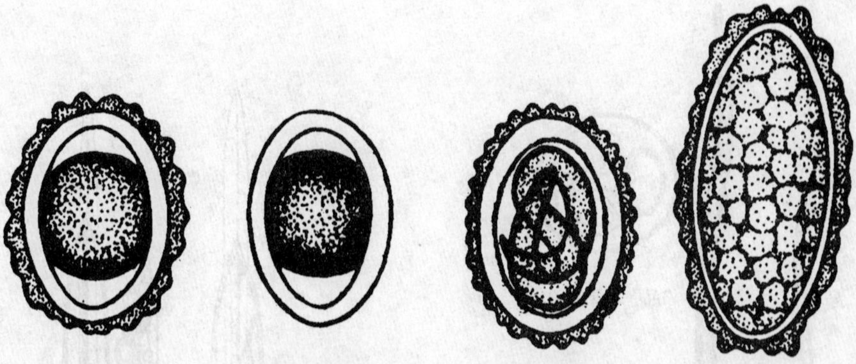

图 1-1　蛔虫卵

(四) 示教

1. 蛔虫成虫瓶装标本(肉眼观察)

形态:圆柱形,体表有横纹,前端较钝圆,尾端较尖。雌虫长约 30cm 左右,尾端不弯曲。雄虫长约 20cm 左右,尾端向腹部弯曲,有时可见伸出体外的两根白色的交合刺,有时因脱落或缩入泄殖腔内而不能见到(图 1-2)。

2. 蛔虫内部器官解剖瓶装标本(肉眼观察)

(1) 消化器官,为一纵行直管:口开于虫体顶端,下连短棒状食管,食管以下依次为中肠和直肠,雌虫直肠通于后端肛门,雄虫直肠与射精管相通而成为泄殖腔。

(2) 生殖器官

1) 雌虫:为两套相同的管状构造,盘绕于生殖孔后主体腔内,卵巢细长如线,一端游离,一端逐渐膨大形成输卵管,其下连接子宫,子宫为最粗的部分,内充满虫卵,两套子宫的末端合并而形成阴道,阴门开口于虫体腹面前 1/3 与中 1/3 交界处(图 1-3)。

2) 雄虫:为单套曲折的管状构造,睾丸细线状,一端游离,一端逐渐膨大为输精管,储精囊(最粗)及射精管,射精管末端与直肠相连形成泄殖腔,开口于虫体后端腹面,尾端并有交合刺两根。

3. 唇瓣　将蛔虫前端切下,经固定处理后封片而成。在低倍镜下可见三片唇瓣,一个在背面称背唇,两个在腹面称腹唇,呈“品”字形排列。背唇较大,基部两侧有突出的乳突;一对腹唇较小,基部正中亦各有乳突一个,均为感觉器官。

4. 蛔虫横切面(雄)H、E　体壁,外层为浅红色半透明的角皮层,中为红色无结构的角皮下层,内为肌肉细胞层。蛔虫属多肌型,肌细胞多而长,靠外侧为排列紧密染成红色的纤维部分,靠内侧向原体腔突出之块状胞浆部分染色较浅,侧线埋藏于肌细胞的相应部位。

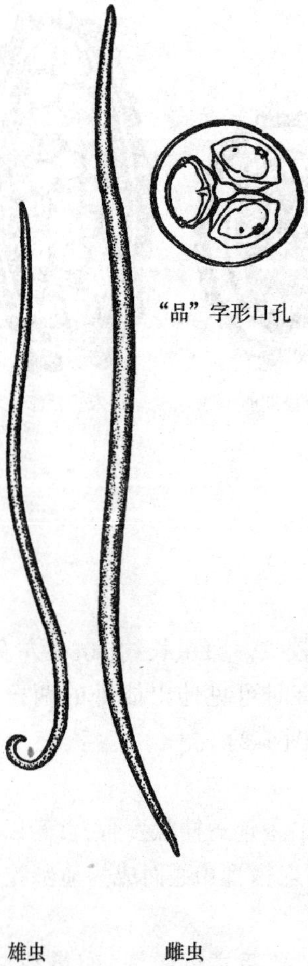

图 1-2 蛔虫成虫

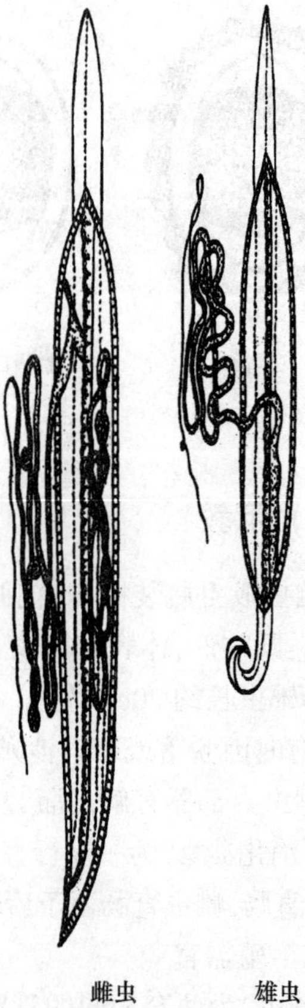

图 1-3 蛔虫的解剖

内部器官:肠管位于切片中部,呈肩形,由柱状细胞组成,可见到两个圆形内含虫卵的子宫,还有许多小圆形的卵巢或输卵管。

5. 脱蛋白质膜卵 受精卵或未受精卵排出体外后,有时外面的蛋白质膜已脱落,此时虫卵无色透明。

6. 感染性卵 受精卵排出体外后,在外界经过一定时间可发育为感染性卵,内含一幼虫。

7. 蛔虫病理标本

(1) 胆道蛔虫肝脏纵切面:可见到胆管有蛔虫寄生的横断面。

(2) 蛔虫肠穿孔:可见蛔虫头部钻入肠黏膜破损处,直至浆膜层。

(3) 蛔虫肠梗阻:可见肠腔内有许多蛔虫打结成团阻塞肠管。

(4) 蛔虫引起阑尾炎横切面:可见阑尾腔内有蛔虫横切面。

（五）操作

粪便直接涂片法(见寄生虫病诊断技术)

（六）思考题

1. 寄生虫对宿主可产生哪些影响?
2. 寄生生活对寄生虫有哪些影响?
3. 蛔虫卵有哪些特点?是怎样感染人的?
4. 蛔虫完成生活史需要哪些条件?致病力怎样?
5. 蛔虫的流行因素有哪些?为什么分布广泛?怎样预防?

实验二　蠕形住肠线虫(蛲虫)

(*Enterobius vermicularis*)

（一）提要

蛲虫寄生在人体大肠及小肠下部,雌虫在肛门周围产卵,卵经 4~6 小时发育为感染性卵,主要经口使人感染。诊断主要用肛门拭子法。

（二）要求

1. 认识蛲虫成虫及虫卵的形态特点。
2. 掌握诊断蛲虫常用的肛门拭子法的制作和使用。

（三）实验

1. 蛲虫卵玻片标本或胶纸拭子法新采的标本　先用低倍镜找到肾形无色透明的虫卵,再换高倍镜观察,光线不宜太强。

(1) 外形:两侧不对称,一侧较平,一侧稍凸如肾形,大小为(50~60)μm×(20~30)μm。

(2) 卵壳:无色透明,较蛔虫卵壳薄。

(3) 内含物:有一弯曲幼虫或蝌蚪期幼虫。

2. 蛲虫成虫(雌虫)染色标本(用放大镜或低倍镜观察)

(1) 形态:虫体前端较细,尾部尖直,表皮透明有环纹,头端两侧有角皮隆起的头翼,咽管末端呈球形,体内绝大部分为子宫占据,子宫内充满虫卵。

(2) 大小:(8~13)mm×(0.3~0.5)mm(图 1-4)。

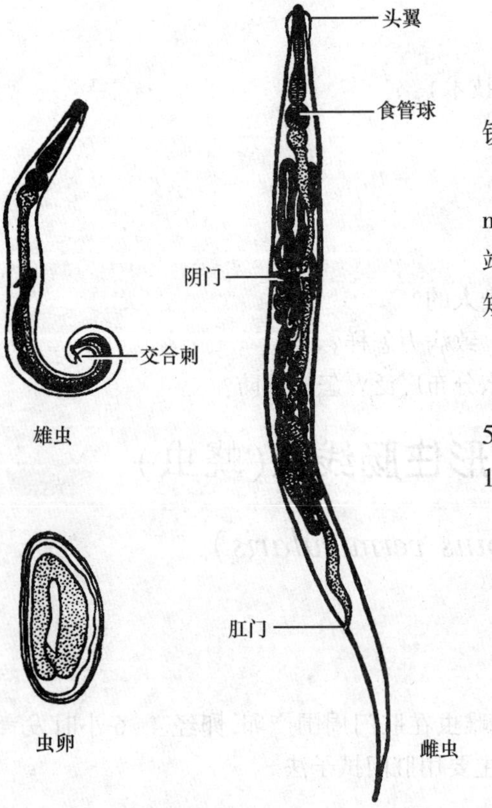

图 1-4 蛲虫

(四) 示教

1. 蛲虫成虫(雄虫)染色标本(低倍镜观察)

形态:大小(2~5)mm×(0.1~0.2)mm 虫体前端可见头翼及球形的咽管末端,尾部向腹面曲弯曲,有时尾部可见较短的交合刺伸出体外。

2. 蛲虫成虫瓶装标本(肉眼观察)

虫体细小,呈乳白色,雄虫长约 2~5mm 尾端向腹面弯曲。雌虫长约 8~13mm 尾端直而尖细。

(五) 操作

见寄生虫病诊断技术。

1. 透明胶纸法。

2. 棉签试子法。

(六) 思考题

1. 蛲虫(雌、雄)成虫和虫卵有哪些形态特点?

2. 蛲虫病的传播方式有哪些? 为什么易在儿童单位流行? 如何预防?

3. 蛲虫生活史特点? 致病力怎样?

4. 什么叫自体感染? 自体感染有哪几种方式?

实验三 毛首鞭形线虫(鞭虫)

(*Trichuris trichiura*)

(一) 提要

成虫寄生于人体盲肠内,虫卵随粪便排出,在外界发育为感染期卵,被人吞食后,幼虫在小肠里孵出,经移行至盲肠发育为成虫。

(二) 要求

认识鞭虫成虫及虫卵的形态特征。

(三) 实验

鞭虫卵玻片标本(先用低倍镜找到梭形黄褐色的虫卵。再换高倍观察)

(1) 外形:纺锤形,大小为(50~54)μm×(22~23)μm。

(2) 颜色:黄褐色。

(3) 卵壳:较厚,两端各具一个透明的盖塞。

(4) 内含物:有一个卵细胞(图 1-5)。

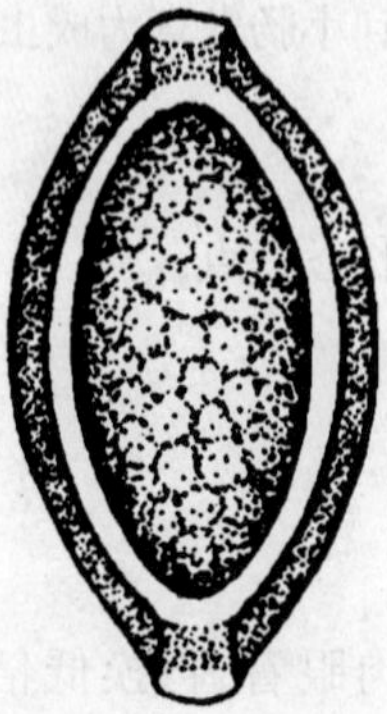

图 1-5　鞭虫卵

图 1-6　鞭虫成虫

(四) 示教

1. 鞭虫成虫瓶装标本(肉眼观察)(图 1-6)

(1) 大小:30~50mm。

(2) 外形:前端细如毛发,尾端较粗;虫体如鞭状。雌虫尾部不弯曲,雄虫尾端弯曲成螺旋状。

(3) 颜色:灰白色。

2. 鞭虫附着肠黏膜上的自然状态瓶装标本　可见虫体以纤细的前端伸入宿主肠黏膜内寄生。

(五) 思考题

1. 鞭虫成虫和虫卵有哪些形态特点?

2. 鞭虫的生活史和蛔虫生活史有哪些异同点?

实验四 钩 虫

本实验涉及十二指肠钩口线虫（*Ancylostoma duodenale*）和美洲板口线虫（*Necator americanus*）。

（一）提要

钩虫寄生在人体小肠。虫卵随粪便排出，在泥土和适宜条件下杆状蚴孵出发育成感染性丝状蚴，可钻入人体皮肤而引起感染。幼虫随血流至肺，再到小肠发育为成虫。

（二）要求

1. 掌握十二指肠钩虫及美洲钩虫的形态鉴别及钩虫卵的形态特点。
2. 掌握诊断钩虫感染常用的饱和盐水浮聚法。
3. 熟悉虫卵计数法。

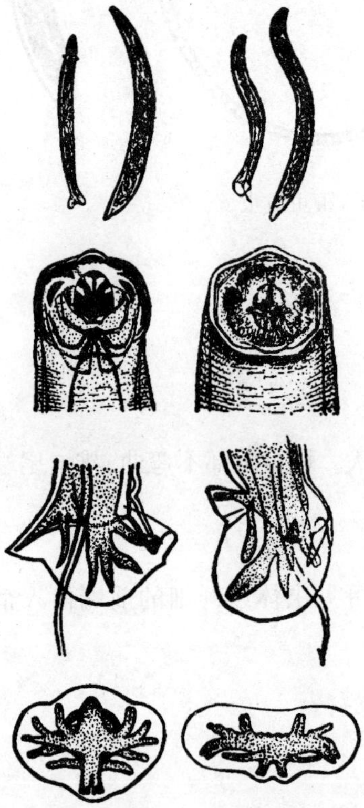

图 1-7 两种钩虫的形态鉴别

（三）实验

1. 十二指肠钩虫（先用肉眼看，再换低倍镜观察）

（1）外形：头与体的弯曲一致成"C"字形。

（2）大小：雌虫长约 10～13mm，雄虫长约8～11mm，雌雄成虫区别：雌虫尾端呈圆锥形，有时可见尾刺，雄虫尾端为伞形（交合伞）。

（3）口囊：内有两对钩齿（如为侧面仅可在一个平面上看到一对）。

2. 美洲钩虫（观察方法同上）

（1）外形：头与体的弯曲不一致，呈"S"字形。

（2）大小：较十二指肠钩虫小，雌虫长约 9～11mm，雄虫长约 7～9mm。

（3）雌雄区别：同十二指肠钩虫。雌虫尾端无尾刺。

（4）口囊：内有一对板齿（如为侧面则仅可见一个板齿）（图 1-7）。

3. 钩虫卵玻片标本 先用低倍镜找到卵圆

形,无色透明的虫卵后,换高倍镜观察,光线不宜太强。

(1) 外形:卵圆形,两端钝圆。大小约(56~76)μm×(36~40)μm。

(2) 卵壳:五色透明,光滑,很薄。

(3) 内含物:有2~8个卵细胞或更多的卵细胞(桑葚期),卵细胞与卵壳之间有空隙(图1-8)。

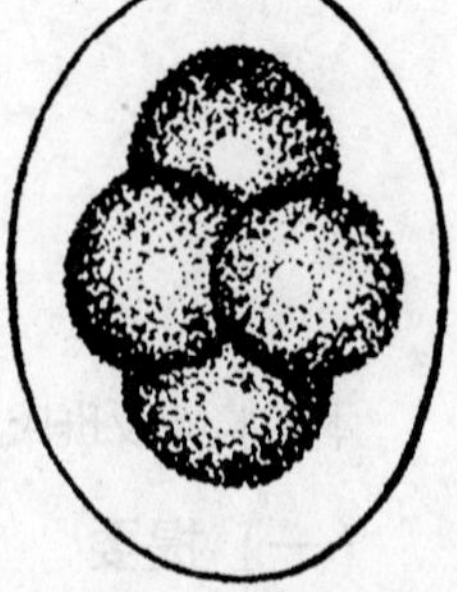

图1-8 钩虫卵

(四) 示教

1. 两种钩虫自然状态大体标本　仔细观察两种钩虫身体弯曲不同点。

2. 丝状蚴(感染期幼虫)　幼虫前端钝圆,后端较尖,口部封闭,食管长度为体长的1/5。

3. 十二指肠钩虫口囊　可见口囊两侧各有钩齿一对。

4. 美洲钩虫口囊　可见口囊两侧各有一个半月形的板齿。

5. 十二指肠钩虫交合伞和交合尾刺　交合伞宽大于长,背肋由远端分两支,每支又分三小支,交合尾刺两根,末端分开。

6. 美洲钩虫交合伞和交尾刺　交合伞长大于宽,背肋由基部分两支,每支又分两小支。交合尾刺两根,末端合并为一根,并在末端形成小倒钩。

7. 东方毛圆线虫卵　长椭圆形,两端较尖,大小为(80~100)μm×(40~70)μm,卵壳很薄,无色透明内含12~20个卵细胞。

8. 粪类圆线虫幼虫(丝状蚴)　虫体细长,咽管长度为体长1/2,尾端分叉。

(五) 操作

详见寄生虫病诊断技术。

1. 饱和盐水浮聚法。
2. 虫卵计数法。
3. 钩蚴培养法。

(六) 思考题

1. 两种钩虫雌雄成虫和虫卵有哪些形态特点。
2. 钩虫生活史和蛔虫生活史有哪些异同点?
3. 钩虫的致病机制?如何诊断?应注意什么?
4. 钩虫病的流行因素有哪些?如何预防?

实验五 丝 虫

(filaria)

本实验涉及班氏吴策线虫(*Wuchereria bancrofti*)和马来布鲁线虫(*Brugia malayi*)。

(一) 提要

班氏丝虫及马来丝虫寄生在人体淋巴系统内,雌虫产微丝蚴,周期性地出现于周围末梢血液内,微丝蚴进入中间宿主蚊体内发育成感染期幼虫,通过蚊叮咬经皮肤而使人感染。实验诊断主要查末梢血液内的微丝蚴。

(二) 要求

1. 掌握班氏及马来微丝蚴的形态鉴别。

2. 了解血液检查微丝蚴的操作方法。

(三) 实验

1. 班氏微丝蚴　先用低倍镜观察有弯曲的细丝状微丝蚴,再用高倍镜观察虫体形态,最后用油镜观察尾端。

(1) 大小:(244~296)μm×(5.3~7.0)μm。

(2) 体态:柔和,弯曲较大。

(3) 头间隙(长∶宽):较短(1∶1 或 1∶2)。

(4) 体核:圆形或椭圆形,各核分开,排列整齐,清晰可数。

(5) 尾核:无(图 1-9)。

2. 马来微丝蚴

观察方法同上。

(1) 大小:(177~230)μm×(5~6)μm。

(2) 体态:僵直,大弯上有小弯曲。

(3) 头间隙:(长∶宽):较长(2∶1)。

(4) 体核:大小不等,排列紧密,常互相重叠,不易分清。

(5) 尾核:有 2 个,前后排列,尾核处角皮略膨大。

(四) 示教

1. 微丝蚴活体标本　取人工感染马来丝虫的砂鼠血滴于载玻片上,再加 1 滴生理盐水稀释,在低倍镜下观察微丝蚴的活动情况。

2. 班氏丝虫瓶装标本　虫体乳白色,长的 40~80mm 雌虫比雄虫大,雄虫尾部弯曲。

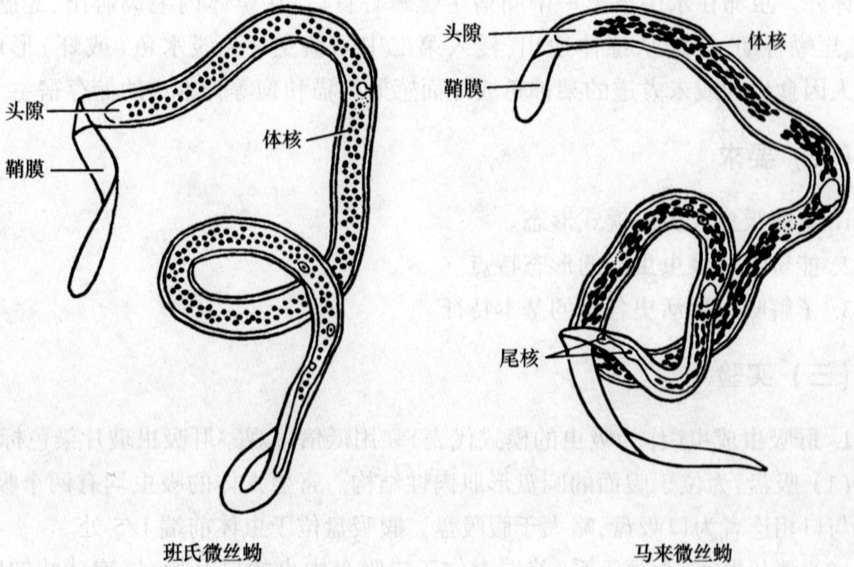

图 1-9 丝虫微丝蚴

3. 感染期幼虫。

4. 中间宿主 淡色库蚊，中华按蚊。

(五) 操作

详见寄生虫病诊断技术。

厚血膜制作方法。

(六) 思考题

1. 两种微丝蚴的形态有哪些特点？
2. 丝虫生活史与其他线虫比有哪些不同？
3. 丝虫致病机制？如何发现丝虫感染？
4. 丝虫病流行因素有哪些？新疆为什么没有原发丝虫病？

实验六 华枝睾吸虫(肝吸虫)

(*Clonorchis sinensis*)

(一) 提要

肝吸虫寄生于人或哺乳动物的胆管内。虫卵随胆汁排入消化道混合在粪便中排出体外。虫卵在水中被第一中间宿主螺蛳吞食后，在螺体内毛蚴孵出，经胞蚴、雷蚴、尾蚴各期，尾蚴从螺体逸出，侵入第二中间宿主——淡水鱼（或虾）形成囊蚴。人因食生的或未煮透的某种鱼或虾而感染。猫和狗等为本虫的储存宿主。

（二）要求

1. 掌握吸虫成虫的模式形态。
2. 能辨认肝吸虫虫卵的形态特点。
3. 了解吸虫生活史各期的基本特征。

（三）实验

1. 肝吸虫成虫（作为吸虫的模式代表） 用低倍镜观察肝吸虫玻片染色标本。

(1) 吸盘：为位于腹面的圆盘形肌肉性结构。寄生人体的吸虫均有两个吸盘，前端与口相连者为口吸盘，略大于腹吸盘。腹吸盘位于虫体前端 1/5 处。

(2) 消化器官：为盲管系，前端由位于口吸盘中央的口开始，接连球状的肌肉性咽，其后为食管，下端分叉为左右肠盲管，无肛门。

(3) 排泄器官；在封片标本仅能见淡色长袋形的排泄囊，以排泄孔在体末端开口。

(4) 生殖器官：

1) 雄性：睾丸两个呈高度分枝状，每个睾丸发出一根微细的输出管（不一定能见到），二者合并而为一较粗的输精管，向前延伸为略膨大的管状贮精囊，最后形成射精管而开口于生殖腔。

2) 雌性：卵巢一个，分三叶，位置近体中部。由卵巢通出一输卵管，略延长后即膨大为卵模，卵模之外为淡红色云雾状梅氏腺（卵模和梅氏腺常不易分清楚）。在卵巢的后方有一个椭圆形较卵巢更大的囊状构造称为受精囊，受精囊上端变窄成管状与输卵管汇合。另有一细长的劳氏管，自输卵管通出，沿受精囊一侧略作弯曲通到虫体的背面开口。

卵黄腺为分布于虫体两侧之滤泡状结构，两侧的卵黄腺各有一卵黄管向中部横延，在卵巢的下方汇合为一支总卵黄管通入输卵管。

子宫由卵模的另一端开始，在虫体中部弯曲上升，直到腹吸盘的上方生殖腔中，子宫的开口称雌性生殖孔，子宫中常含有很多虫卵（图 1-10）。

2. 肝吸虫卵 先用低倍镜找到有棕黄色如芝麻状的虫卵后，再用高倍镜观察。

(1) 外形：卵圆形，一端较窄，一端钝圆较宽大，平均大小为 29μm×17μm。为人体寄生虫卵中最小的一种。

(2) 颜色：棕黄褐色，或淡黄色。

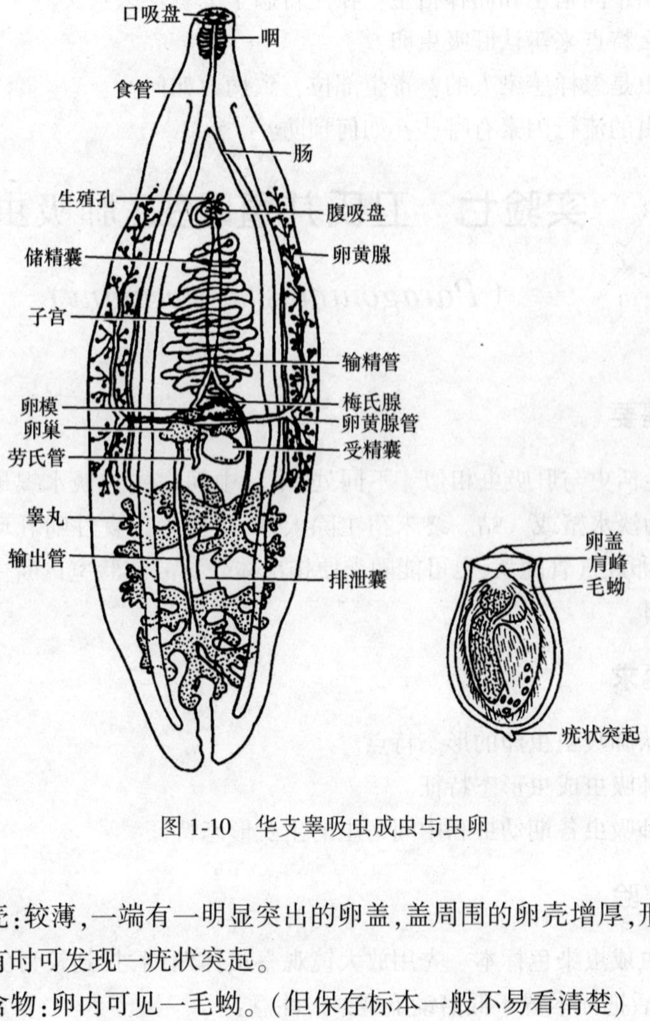

图 1-10 华支睾吸虫成虫与虫卵

(3) 卵壳:较薄,一端有一明显突出的卵盖,盖周围的卵壳增厚,形成肩峰。较宽大的一端有时可发现一疣状突起。

(4) 内含物:卵内可见一毛蚴。(但保存标本一般不易看清楚)

(四) 示教

1. 肝吸虫成虫大体标本及中间宿主大体标本。

(1) 成虫:虫体微透明,可透过体壁看到内部分支的睾丸及肠管。

(2) 第一中间宿主:豆螺。

(3) 第二中间宿主:鲩鱼。

2. 吸虫的生活史各期。

(五) 思考题

1. 吸虫类寄生虫成虫有哪些形态特点?

2. 吸虫类寄生虫生活史有哪些特点?为什么会有明显的地区性?

3. 什么叫中间宿主和储存宿主？在流行病学上有什么意义？

4. 凭什么特点来辨认肝吸虫卵？

5. 肝吸虫是怎样感染人的？寄生部位？致病力如何？

6. 肝吸虫的流行因素有哪些？如何预防？

实验七　卫氏并殖吸虫(肺吸虫)

(*Paragonimus westermani*)

(一) 提要

肺吸虫生活史与肝吸虫相似。不同处：第一中间宿主为淡水螺川卷螺类。第二中间宿主为淡水蟹或 蛄。终末宿主除人外，主要为肉食性哺乳动物。成虫寄生在肺脏，虫卵经气管随痰，也可能随粪便排出体外。故实验室诊断主要检查痰或粪便中的虫卵。

(二) 要求

1. 能辨认肺吸虫虫卵的形态特点。

2. 熟悉肺吸虫成虫形态特征。

3. 了解肺吸虫各期幼虫和中间宿主的主要形态特征。

(三) 实验

1. 肺吸虫成虫染色标本　先用放大镜观察虫体两端，找到较为尖狭而有口吸盘的前端，然后把标本置于低倍镜下观察。注意：

(1) 口腹吸盘的大小略同，腹吸盘位于体中横线之前。

(2) 雌雄生殖器官位置特点：一对分枝状睾丸左右并列，分 5~6 瓣的卵巢和充满虫卵的子宫也左右并列，位于睾丸之前，腹吸盘之后。子宫与卵巢左右的位置是不固定的。

(3) 生殖孔位于腹吸盘的后方。

(4) 卵黄腺，位于虫体两侧，由口吸盘起一直到虫体末端(图 1-11)。

2. 肺吸虫卵　先用低倍镜找到有较大的椭圆形，金黄色的虫卵后，再换高倍镜观察。

(1) 外形：宽椭圆形，一端较宽且平，一端较窄，左右常不对称。大小约(48~60)μm×(80~118)μm。

(2) 颜色：金黄色。

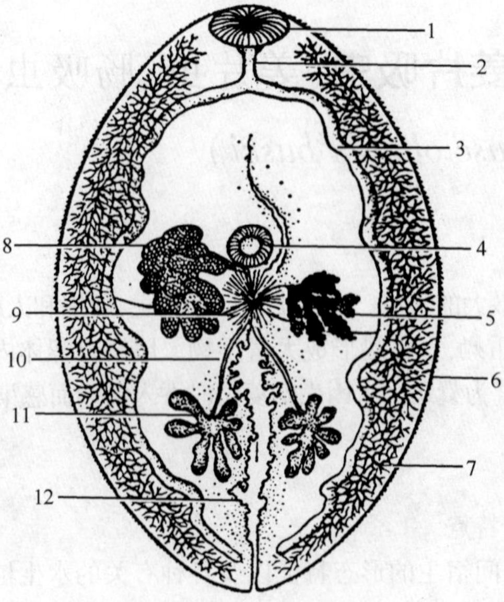

成虫

虫卵

图 1-11 卫氏并殖吸虫

1. 口吸盘;2. 食管;3. 肠;4. 腹吸盘;5. 卵巢;6. 体棘;7. 卵黄腺;8. 子宫;9. 梅氏腺;10. 输出管;11. 睾丸;12. 排泄囊

(3) 卵壳:中等厚度,但厚薄不均。较宽的一端有一明显的卵盖;卵盖大,常略倾斜,另一端的卵壳常较厚。

(4) 内含物:内含 10 多个卵黄细胞,卵细胞常位于正中央(保存标本虫卵内含物结构多已不易看清)。

(四) 示教

1. 肺吸虫成虫大体标本。
2. 肺吸虫各期幼虫。
3. 肺吸虫生活史各期形态和中间宿主瓶装大体标本。

(五) 思考题

1. 肺吸虫成虫和虫卵有哪些形态特点?
2. 肺吸虫生活史有哪些特点?感染方式有哪些?
3. 肺吸虫的致病力怎样?
4. 肺吸虫的流行因素有哪些?

实验八 布氏姜片吸虫(姜片虫、肠吸虫)(*Fasciolopsis buski*)

(一) 提要

布氏姜片吸虫是寄生于人体中最大的吸虫。生活史需两个宿主,即螺和人(或猪等)。幼虫期在扁卷螺内经胞蚴,母雷蚴,子雷蚴形成大量尾蚴。尾蚴自螺体内逸出后吸附在水红菱等水生植物表面发育为囊蚴。人因生吃菱角时吞入囊蚴而感染。

(二) 要求

1. 掌握布氏姜片吸虫卵的形态特点。
2. 了解布氏姜片吸虫成虫和中间宿主的形态特征以及各种有关的水生植物。

(三) 实验

1. 成虫染色玻片标本 一般仅需用肉眼或放大镜观察,仅在某些细微的结构,才用低倍镜观察。其特点如下:

(1) 腹吸盘较口吸盘大 4~5 倍,相距甚近。

(2) 肠盲管有显著的波浪曲折。

(3) 有阴茎袋包裹于卷曲之贮精囊外。

(4) 梅氏腺染成深红色的球形体,缺受精囊。

(5) 劳氏管不易见到。

(6) 卵巢呈佛手状分叶(图 1-12)。

2. 布氏姜片吸虫卵 先用低倍镜找到有淡黄色,椭圆形,大而壳薄的虫卵后再换高倍镜观察。

(1) 外形:椭圆形两端钝圆为人体寄生虫卵最大的一种,长约 130~140μm,宽约 80~85μm。

(2) 颜色:淡黄色。

(3) 卵壳:薄,一端有一个不太明显的小卵盖。

(4) 内含物:有一个卵细胞,位于近卵盖的一端,不易见到,其余有 20~40 个卵黄细胞围绕于卵细胞周围。

保存标本虫卵内含物结构多已不易看清。

(四) 示教

1. 布氏姜片吸虫成虫大体标本 10% 甲醛溶液固定标本为灰白色,经压扁后

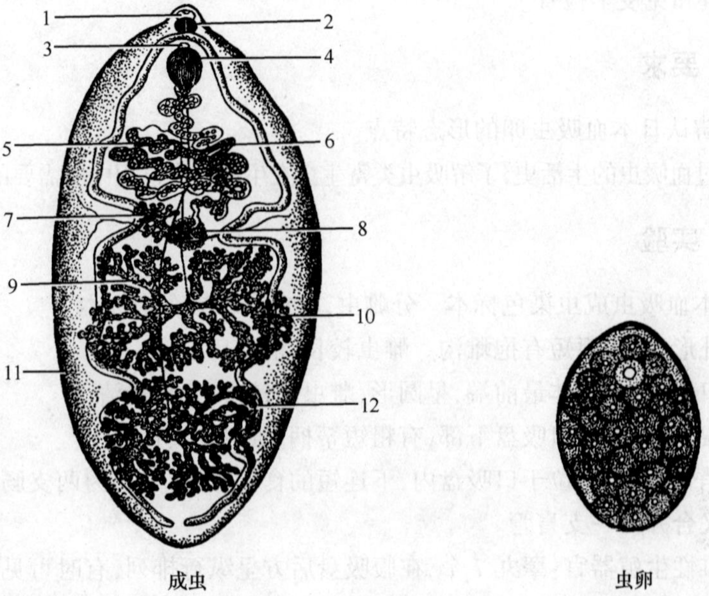

图 1-12 布氏姜片虫

1. 口吸盘;2. 咽;3. 生殖孔;4. 腹吸盘;5. 阴茎囊;6. 子宫;7. 梅氏腺;8. 输出管;9. 睾丸;10. 卵黄腺;11. 肠;12. 排泄囊

体形极似姜片。

2. 布氏姜片吸虫的中间宿主和水生植物 中间宿主扁卷螺大体标本。水生植物:水红菱、荸荠、茭白等。

(五) 思考题

1. 姜片虫的成虫和虫卵有哪些形态特点?怎样诊断?
2. 姜片虫的流行因素有哪些?怎样预防?

实验九 日本裂体吸虫(日本血吸虫)

(*Schistosoma japonicum*)

(一) 提要

日本血吸虫寄生于人或其他哺乳动物的门静脉系统里,虫卵通过肠壁排入肠腔随粪便排出宿主体外。在清水中卵内毛蚴孵出,钻入钉螺,经一代,二代胞蚴与尾蚴各期,尾蚴从螺体逸出后,经皮肤侵入人体。实验室诊断包括检出虫卵或毛蚴的病原检查和免疫学检查。

(二) 要求

1. 能辨认日本血吸虫卵的形态特点。

2. 通过血吸虫的生活史,了解吸虫类寄生虫在生活发育过程中所需要的条件。

(三) 实验

1. 日本血吸虫成虫染色标本　分雌虫,雄虫及雌雄合抱标本。

(1) 外形:雄虫粗短有抱雌沟。雌虫较长,前细后粗。

(2) 口吸盘:在虫体最前端,呈圆形,雌虫的较小,不易看清。

(3) 腹吸盘:位于口吸盘下部,有粗短蒂柄,雄虫较发达。

(4) 消化系统:口位于口吸盘内,下连短的食管,然后分叉为两支肠管,延伸至虫体后部又合并为一支盲管。

(5) 雄性生殖器官:睾丸 7 个,在腹吸盘后方呈纵行排列,有时可见重叠现象。生殖孔开口于腹吸盘下方。

(6) 雌性生殖器官:

1) 卵巢:位于虫体粗细交界部位,呈椭圆形染色深的团块。

2) 输卵管:卵巢向后伸出一条输卵管,沿卵巢体一侧折向前方。

3) 卵黄腺:密布于卵巢后面的虫体,呈横行排列,棕色。由一卵黄管从卵巢的一侧向前与输卵管汇合,再向前方即为卵模。

4) 子宫:卵模向前即为一直管状的子宫,内含虫卵,开口于腹吸盘后方的生殖孔(图 1-13)。

2. 日本血吸虫卵　用低倍镜找到椭圆形,淡黄色的虫卵后,换高倍镜观察。

(1) 外形:一般为椭圆形,大小为(74~106)μm×(55~80)μm。

(2) 颜色:淡黄色。

(3) 卵壳:无小盖,卵壳较薄,周围常附着粪便残渣,所以不完全是规则的椭圆形,在卵一端的一侧有时可见指状小棘(位置不固定)。

(4) 内含物:内含成熟的毛蚴,一端略尖突出,一端钝圆。毛蚴与卵壳之间常有大小不等圆形或长圆形油滴状的毛蚴分泌物。

(四) 示教

1. 日本血吸虫生活史　瓶装大体标本及染色玻片标本。

(1) 虫卵:见实验项目内容描述。

(2) 毛蚴:呈梨形,前端较尖,后端钝圆,体外有纤毛,内部构造看不清楚。

(3) 钉螺(中间宿主):观察其形状及大小。

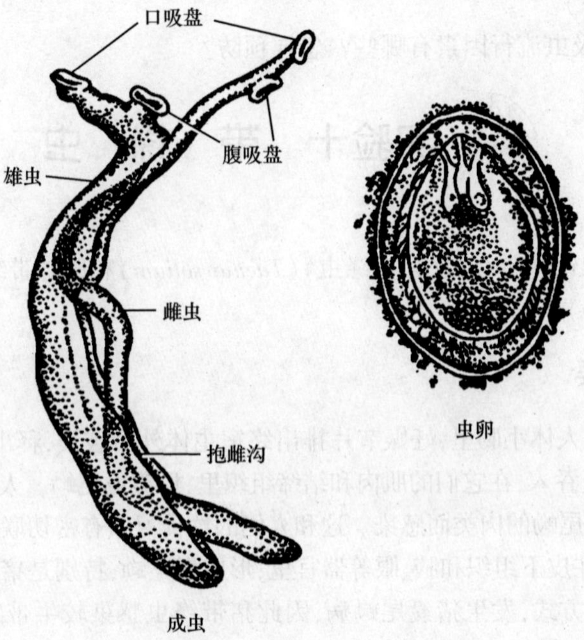

图 1-13 血吸虫成虫及虫卵

(4) 胞蚴:为不规则之长袋形,内含许多胚细胞及尾坳。

(5) 尾蚴:分体尾二部,体部呈长椭圆形,在体之中后部可见一圆形之腹吸盘,尾部细长末端分叉。

(6) 成虫(大体标本)

1) 雄虫:体白色,前部为短圆筒形,体后部扁平形成抱雌沟。

2) 雌虫:体较细长,后部呈褐色,位于雄虫抱雌沟内。

2. 日本血吸虫寄生的兔肠系膜(大体标本) 在肠系膜血管中可见白色的血吸虫成虫寄生。

3. 日本血吸虫病变的兔肝、肺 表面可见灰白色,大小不一突出的结节,由肝、肺内虫卵肉芽肿纤维化引起。

(五) 操作

详见寄生虫病诊断技术。

毛蚴孵化法。

(六) 思考题

1. 日本血吸虫成虫和虫卵有哪些形态特点?

2. 日本血吸虫的生活史有哪些特点?致病机制?怎样诊断?(生活史、致病、诊断三者的关系)。

3. 日本血吸虫流行因素有哪些?怎样预防?

实验十 带 绦 虫

本实验涉及链状带绦虫(猪带绦虫)(*Taenia solium*)和肥胖带绦虫(牛带绦虫)(*Taenia saginata*)。

(一) 提要

成虫寄生在人体小肠里,妊娠节片排出终宿主体外后破裂,释出虫卵,虫卵被中间宿主(猪或牛)吞入,在它们的肌肉和结缔组织里,形成囊尾蚴。人由于食用生的或未煮熟的含有囊尾蚴的肉类而感染。这和人们的饮食习惯有密切联系。猪带绦虫卵被人吞入后,可在皮下组织和脑、眼等器官里,形成囊尾蚴,特别是猪带绦虫病患者可以通过自体感染方式,发生猪囊尾蚴病,因此猪带绦虫感染较牛带绦虫感染更为危险。在实验中注意猪带绦虫和牛带绦虫的鉴别及猪囊尾蚴和牛囊尾蚴的区别点。

(二) 要求

1. 掌握两种绦虫的形态鉴别特征。
2. 掌握带绦虫卵、妊娠节片、囊尾蚴的形态特点。

(三) 实验

1. 牛带绦虫卵　先用低倍镜找到棕黄色圆形的虫卵,再用高倍镜观察。

(1) 外形:球形或近似球形,直径为 31~43μm。

(2) 胚膜:较厚、棕黄色,由许多棱柱体组成,呈放射状的条纹。

内含物:内含一个球形六钩蚴,直径约 14~20μm,有的虫卵内可见 2~6 个透明的小钩。虫卵自孕节散出后,卵壳多已脱落,(刚从妊娠节片挤出的虫卵,还可看见透明无色的卵壳)。

2. 牛带绦虫妊娠节片(肉眼观察)

形态:长方形、长约 1~3cm,宽 0.5~1cm 左右。节片内除用染料染成黑色的分支子宫外,其他器官已退化,子宫从节片中央主干起,向左右两侧伸出分支 15~30 枝。分支较整齐。

3. 牛囊尾蚴　先用肉眼看,后换低倍镜观察。头节颈部可见许多弯曲的皱折,及一大的囊联在颈部。

头节可见 4 个吸盘,但无顶突及小钩(图 1-14)。

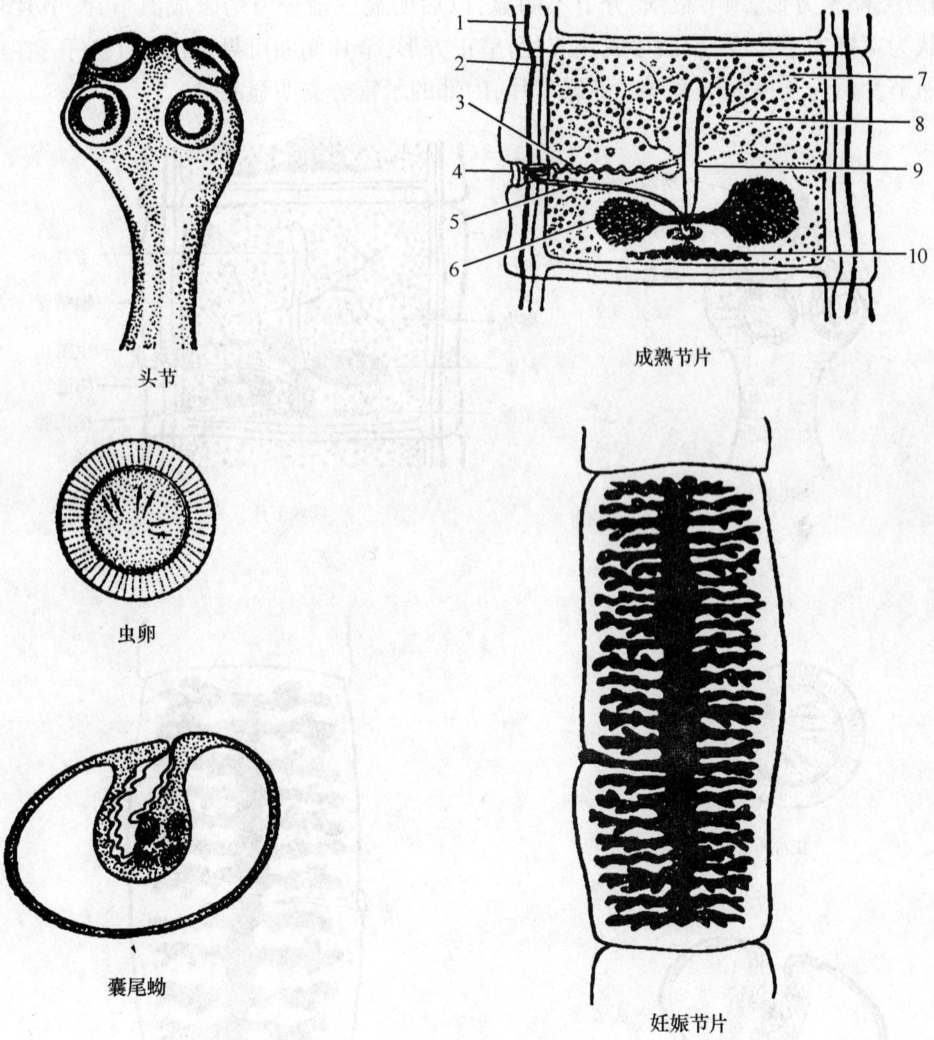

图 1-14　肥胖带绦虫

1. 侧神经干；2. 排泄管；3. 输精管；4. 生殖孔；5. 阴道；6. 卵巢；7. 睾丸；8. 输出管；9. 子宫；10. 卵黄腺

4. 猪带绦虫妊娠节片（肉眼观察）　形态构造可与牛带绦虫妊娠节片比较观察，注意子宫分支的数目，及左右分支情况。（7~13 支，分支不整齐）

5. 猪囊尾蚴（低倍镜观察）　头节略呈圆形，在头的四周可见 4 个圆形吸盘，在头部中央可见小钩。但有些头节顶突不易观察（图 1-15）。

（四）示教

1. 牛带绦虫成虫整体瓶装标本（肉眼观察）

形态：为一乳白色微透明虫体，由很多节片组成呈链状，虫体长约 4~8m，头部较小，略呈方形，颈节很细，分节不明显，以后明显逐渐分节为未成熟节片，节片形状为宽度大于长度，后面接成熟节片，呈正方形，节片侧面可见突出的生殖孔，在成熟节片后为长度大于宽度的妊娠节片，内部的子宫分支明显易见。

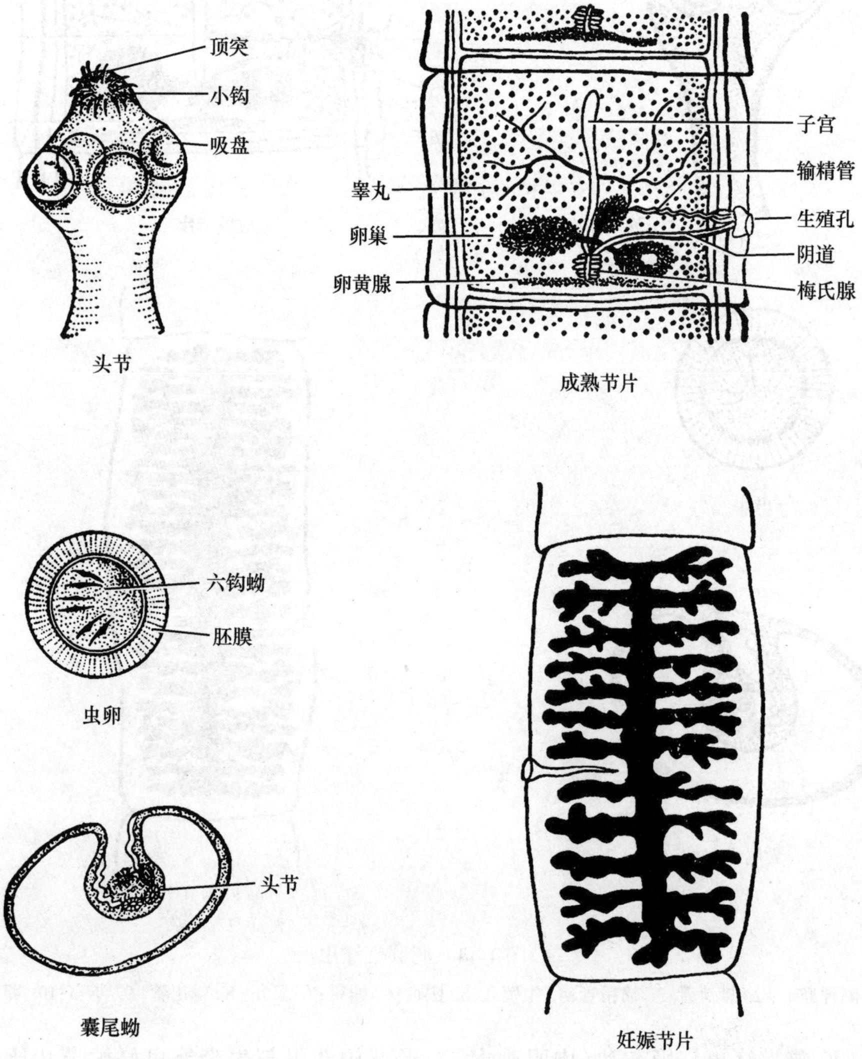

图 1-15　链状带绦虫

2. 牛带绦虫头节染色玻片标本(低倍镜观察)　头节略呈四方形，无顶突及小钩，四周有四个圆形吸盘。

3. 牛带绦虫成熟节片染色玻片标本(低倍镜观察)

(1) 形态：略呈方形，宽度略大于长度，在一侧边缘上有突起的生殖孔。

(2) 内部构造:在节片底部有分左右两叶的卵巢及节片中央的管状子宫,节片内分布有许多颗粒状睾丸。

4. 感染有牛囊尾蚴的牛肉瓶装大体标本　在牛肉的切面上,可见有许多凹陷的空洞(囊尾蚴已脱落),及小水泡状的囊尾蚴。囊内有一圆形白色的颗粒状虫头。

5. 猪带绦虫头节染色玻片标本(低倍镜观察)　头节为圆球形,在头之四周有四个杯状吸盘,头的顶端有一突出之顶突,周围生有两圈小钩。

6. 猪带绦虫成熟节片染色玻片标本(低倍镜观察)　形态结构可与牛带绦虫成熟节片作对比,观察其主要不同点,卵巢有左右二主叶和靠生殖孔一侧的中央小叶。

7. 猪囊尾蚴(自然状态)(肉眼观察)　为乳白色椭圆形水泡状囊,囊内有一白色圆形颗粒状虫头。

8. 感染有猪囊尾蚴的猪肉瓶装大体标本(肉眼观察)　在猪肉的切面上,可见白色圆形水泡状的囊尾蚴。

9. 感染有猪囊尾蚴的心脏瓶装大体标本(肉眼观察)　在心脏的表面,可见到有隆起如水泡状圆形的囊尾蚴。

10. 脑囊虫病理标本　脑切面上可见囊尾蚴。

11. 裂头蚴大体标本　虫体乳白色,不分节,长约 5~10cm,一端较粗,可见一凹陷;一端较尖,体有横的皱纹。

(五) 思考题

1. 绦虫类寄生虫的形态和生活史有哪些特点?
2. 猪带绦虫和牛带绦虫的形态的生活史有哪些异同点?
3. 猪带绦虫和牛带绦虫的感染方式有哪些?怎样诊断?应注意什么?
4. 为什么说感染猪带绦虫成虫,要比感染牛带绦虫危险性大?
5. 带绦虫的流行因素有哪些?为什么有地区性?怎样预防?

实验十一　微小膜壳绦虫(短膜壳绦虫)

(*Hymenolepis nana*)

(一) 提要

微小膜壳绦虫的成虫寄生于鼠类或人的小肠里,脱落的节片或虫卵随粪便排出体外后,如被新的宿主吞食,虫卵在小肠中孵出六钩蚴,钻入绒毛经过似囊尾蚴阶段再发育为成虫。人体寄生的成虫常可引起自身感染。

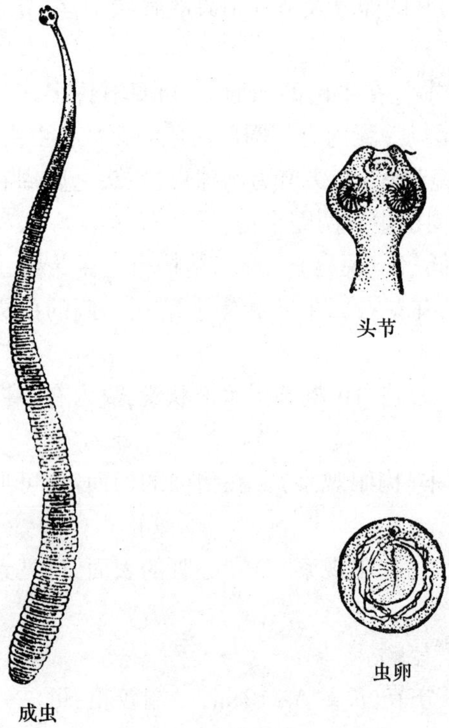

图 1-16　短膜壳绦虫

(二) 要求

掌握微小膜壳绦虫成虫及虫卵的形态特征。

(三) 实验

1. 微小膜壳绦虫卵　先用低倍镜找到圆形透明较牛带绦虫卵略大的虫卵，再用高倍镜仔细观察。

(1) 外形:为球形或略呈椭圆形,直径为(36~48)μm×(48~60)μm。

(2) 卵壳:可见卵壳很薄其内有较厚的胚膜,胚膜两端略凸起并由该处各发出 4~8 根丝状物,弯曲游离于胚膜与卵壳之间。

(3) 内含物:有一个六钩蚴。(图1-16)

2. 微小膜壳绦虫染色玻片标本(低18镜观察)　虫体长约 20mm 左右,宽约 0.5~1mm。所有节片均宽大于长并由前向后逐渐增大,孕节最大。头节呈球形,有四个吸盘和一个可自由伸缩的顶突,顶突上有一圈小钩。

(四) 示教

1. 微小膜壳绦虫瓶装标本(肉眼观察)　虫体乳白色,微透明,细薄柔软,长约 1~2cm。

2. 微小膜壳绦虫在肠黏膜内切片标本(低倍镜观察)　可见在肠绒毛基部,有一个近似圆形的头节状物即似囊尾蚴,两侧各有吸盘一个,头顶部凹陷是顶突(此虫逐渐发育后钻出肠绒毛,头节附着于肠黏膜表面,虫体游离于肠腔中逐渐发育为成虫)。

(五) 思考题

1. 微小膜壳绦虫卵有哪些特点?
2. 微小膜壳绦虫生活史有哪些特点?感染方式有哪些?
3. 感染微小膜壳绦虫后为什么不易治愈?

4. 微小膜壳绦虫流行因素有哪些？如何预防？

实验十二 棘球绦虫

本实验涉及细粒棘球绦虫(Echinococcus granulosus)和多房棘球绦虫(Echinococcus multilocularis)。

(一) 提要

细粒棘球绦虫成虫寄生在犬、狼……食肉动物小肠内。幼虫—棘球蚴主要寄生在羊、牛……食草动物内脏中。人和羊、牛感染是由误食虫卵而得棘球蚴病。棘球蚴寄生在人体肝、肺等脏器,生长缓慢,诊断主要靠血清学和超声波、X线等。多房棘球绦虫成虫主要寄生在狐小肠,幼虫(泡球蚴)寄生在野鼠,人是误食虫卵而患泡球蚴病,泡球蚴主要寄生在肝脏。

(二) 要求

1. 掌握棘球蚴的结构与泡球蚴的结构相区别。
2. 认识细粒棘球绦虫形态特征,并与多房棘球绦虫区别。

(三) 实验

1. 肝脏棘球蚴切片染色标本HE(低倍镜观察)　棘球蚴囊壁分二层:外层(角皮层),厚,无细胞结构。内层(生发层)薄,有细胞结构。自生发层上可见育囊,内有原头蚴,在角皮层外有纤维组织包绕,并有细胞浸润,肝细胞呈轻度萎缩。

2. 棘球蚴砂(囊砂)　先低倍镜找到较大,呈圆形透明的原头蚴(或多个虫头聚集于一个柄上呈花朵状,再用高倍镜仔细观察)。

原头蚴为圆形或椭圆形,可见两个吸盘(另外两个在另一侧)中间可见排列成菊花状的小钩,一端可见原头蚴顶突凹入的痕迹,另一端可见连接于育囊壁上的蒂(柄),原头蚴常含有反光较强的钙质颗粒。有时可见顶突及吸盘翻出(图1-17)。

3. 细粒棘球绦虫成虫染色玻片标本(低倍镜观察)　虫体长约1.5~6mm,由头节,颈部、未成熟节片,成熟节片,妊娠节片组成。头节可见吸盘、顶突及小钩。成熟节片生殖孔开口在节片中线后,可见点状睾丸、叶状卵巢和客状子宫,妊娠节片可见8~13个侧囊状分支,内充满虫卵。

(四) 示教

1. 细粒棘球绦虫成虫附着在狗肠黏膜上自然状态瓶装标本(肉眼观察)　在

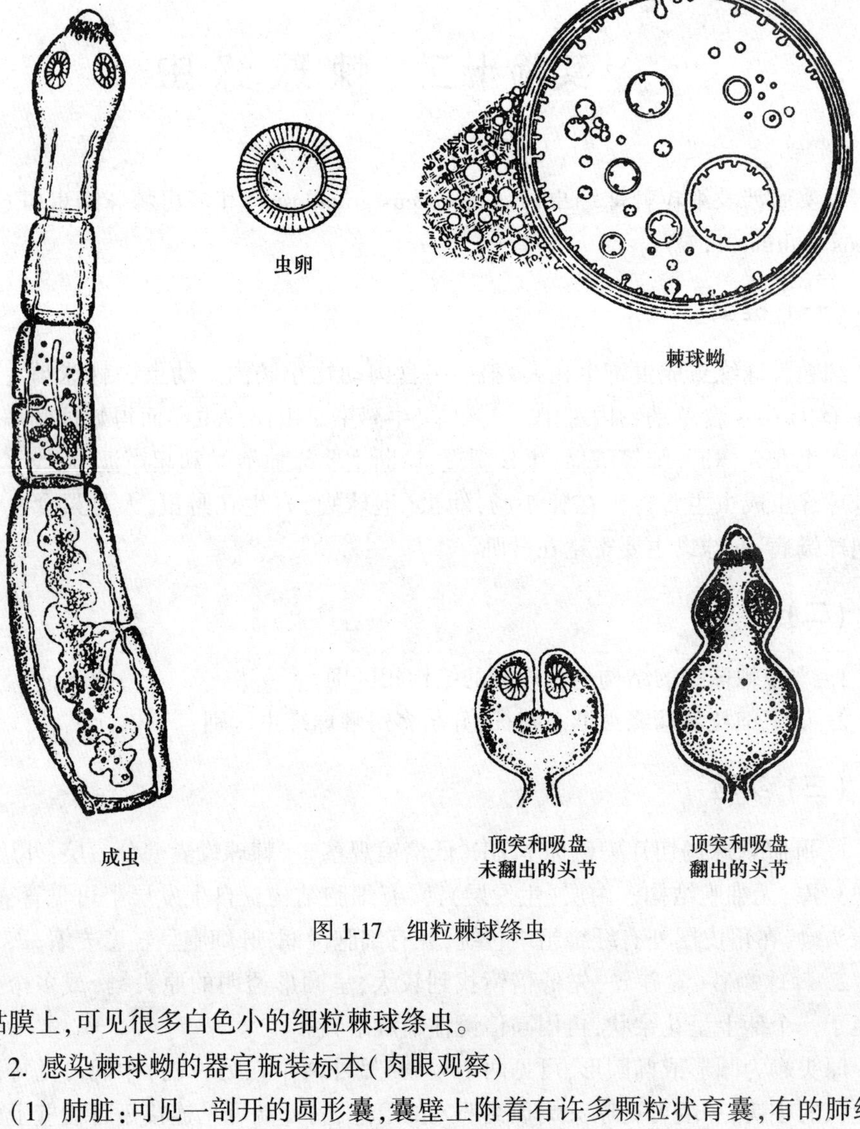

图 1-17 细粒棘球绦虫

肠黏膜上,可见很多白色小的细粒棘球绦虫。

2. 感染棘球蚴的器官瓶装标本(肉眼观察)

(1) 肺脏:可见一剖开的圆形囊,囊壁上附着有许多颗粒状育囊,有的肺组织被棘球蚴感染后,有细菌侵入成化脓性改变,有的已钙化。

(2) 脾脏:可见表面有一球形隆起(内为棘球蚴)。

(3) 肝脏:肉眼可见到有完整和剖开的棘球蚴囊。

(4) 肾脏:可见肾盂内寄生一个较大棘球蚴,约半个肾脏已被棘球蚴损坏。

(5) 骨棘球蚴:在破碎的骨片上可见绒毛状的小囊泡。

3. 棘球蚴子囊瓶装标本(肉眼观察) 可见到游离的棘球蚴子囊内含有孙囊。

4. 多房棘球绦虫 虫体长约 1.5~3mm 节片数为 5 节,成熟节片生殖孔开口在节片中线前,睾丸数较少,妊娠节片内子宫无侧囊。

5. 多房棘球蚴(泡球蚴)瓶装标本(肉眼观察)　在切面上可见蜂窝状小孔,与周围正常组织界限不清。

6. 肝多房棘球蚴切片染色标本(低倍镜观察)　可见大小不等的小囊泡,角皮层较薄,囊泡之间有纤维基质及坏死区。每个囊泡周围有上皮样细胞及细胞反应带。

(五) 操作

详见寄生虫病诊断技术。

1. 卡松尼(Casoni)皮内试验。
2. 间接血凝试验(IHA)。
3. 对流免疫电泳(CIE)。
4. 斑点酶有关免疫吸附试验(DELISA)。

(六) 思考题

1. 棘球蚴的基本形态结构?什么叫棘球蚴砂?
2. 原头蚴可从何处生发形成?原头蚴有哪些形态特点?
3. 细粒棘球绦虫生活史有哪些特点?人是怎样感染棘球蚴的?
4. 棘球蚴常寄生在哪些器官?致病力怎样?为什么诊断时要严格禁止随意用穿刺法?
5. 棘球蚴病流行因素与泡球蚴病的流行因素有哪些不同?对人体危害性如何?

实验十三　其他寄生蠕虫

1. 旋毛虫(Trichinella spiralis)

(1) 旋毛虫幼虫染色玻片标本(低倍镜观察):在横纹肌纤维内,可见到梭形囊包,囊包内含有 1~2 条幼虫,幼虫细长,自行卷曲。在囊包周围有细胞浸润,肌细胞变性,横纹消失(图 1-18)。

(2) 旋毛虫成虫染色玻片标本:虫体细小,食管为长行排列的单细胞组成,生殖器官为单管型(图 1-19)。

2. 美丽筒线虫(Gongylonema pulchrum)　虫体乳白色,细长,大小约(62~145) mm×(0.15~0.3)mm,体表有横纹。虫体前端表皮有许多大小不等、形状各异的泡状角质突起,排列八行,雄虫尾部有尾翼,左右不对称,可见生殖乳头和交合刺。

3. 结膜吸吮线虫(Thelelazia callipaede)　虫体线状,乳白色,大小约(6.2~

20)mm×(0.2~0.8)mm,虫体表面角皮折皱成许多横纹,边缘锐利呈锯齿形,雄虫尾部弯曲。

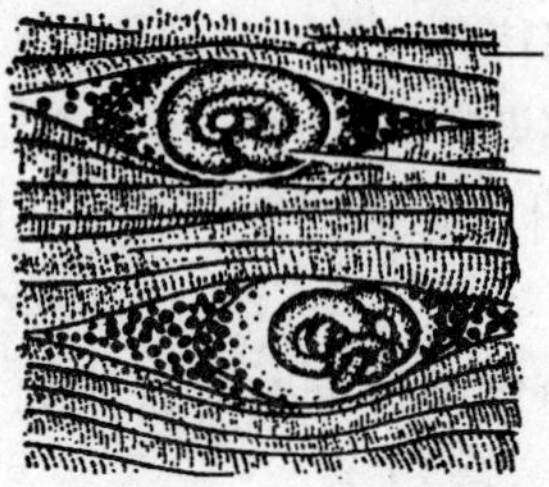

图 1-18　旋毛虫幼虫囊包

1. 横纹肌;2. 旋毛虫幼虫

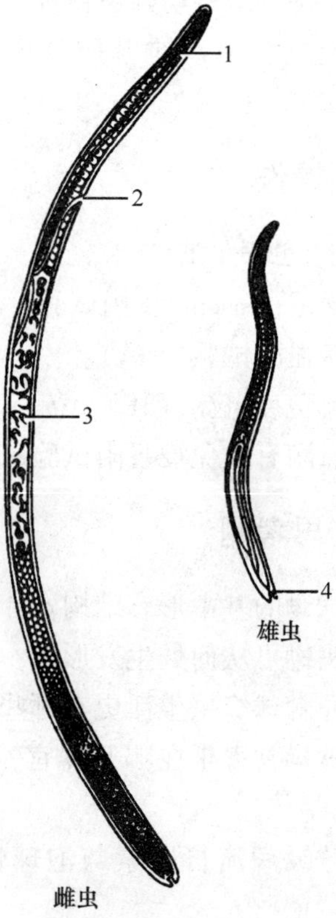

图 1-19　旋毛虫成虫

1. 食管;2. 阴孔;3. 子宫;4. 交尾附器

4. 念珠棘头虫(Moniliformis)

(1) 成虫:虫体乳白色呈串珠状,雌虫比雄虫大,大小约(4~27)cm×2mm,头部有可伸缩的圆柱形吻突,上有 12~15 排小钩,每排有小钩 7~8 个。

(2) 虫卵:椭圆形,大小约(85~118)μm×(40~521)μm,内含一个有小钩和细刺的幼虫。

附：医学蠕虫小结（表 1-1）

表 1-1　医学蠕虫小结表

虫种	中间宿主或媒介	感染期	感染途径	主要寄生部位	致病情况	检查方法	流行情况	保虫宿主	防治原则	
									预防	治疗药物
蛔虫	无	感染性含蚴卵	经口	小肠	夺取营养、消化道症状、阻塞肠道、胆管、毒素刺激	粪检虫卵	普遍，儿童较多，较重	无	个人卫生，环境卫生，粪便管理	噻嘧啶、哌嗪、使君子、苦楝根皮、甲苯达唑、阿苯达唑
鞭虫	无	感染期虫卵	经口	盲肠	较轻、严重感染出现头晕、腹痛、腹泻、消瘦、贫血	粪检虫卵	普遍	无	个人卫生，环境卫生	甲苯达唑、碘化噻唑青胺噻苯达唑、奥克太尔
蛲虫	无	含蚴卵	经口	盲肠	肛门瘙痒	透明胶纸法检查虫卵	儿童多见	无	个人卫生，环境卫生	甲苯达唑、哌嗪、使君子、噻嘧啶、噻乙吡啶
钩虫	无	感染性蚴	经肤	小肠（上部）	皮炎、肺部症状、贫血、消化道症状、异嗜症	粪检虫卵（饱和盐水浮聚法）钩蚴试管培养法	农村多见	无	个人防护、粪便管理、改良种植施肥方法	甲苯达唑、噻嘧啶、一溴二萘酚、噻乙吡啶

续表

虫种	中间宿主或媒介	感染期	感染途径	主要寄生部位	致病情况	检查方法	流行情况	保虫宿主	防治原则	
									预防	治疗药物
丝虫	蚊	感染性蚴	经肤	淋巴系统	淋巴管炎、淋巴结炎、丝虫热、乳糜尿、象皮肿	晚上取血检查微丝蚴	黄河以南十五个省、市、自治区	无	防蚊灭蚊	海群生、呋喃嘧酮、伊维菌素
旋毛虫	无	囊包幼虫	经口	小肠肌肉	肠炎、肌炎	活体检查囊包	西藏、云南等地	猪、鼠、猫、犬等	加强肉类检查，改善养猪方法，扑灭老鼠	噻苯达唑、奥苯达唑
日本血吸虫	钉螺	尾蚴	经肤	门脉系统	基本病变：嗜酸性脓肿，虫卵肉芽肿、纤维化。病变部位：肝、肠为主。临床：血吸虫病（急性、慢性、晚期）	病原学检查：检出虫卵或毛蚴免疫学检查：检出特异抗体或特异抗原	长江以南十三个省、市、自治区	牛、犬等家畜和野生动物	粪便管理，消灭钉螺，安全用水和个人防护，治疗和消灭保虫宿主	吡喹酮、锑-273、呋喃丙胺、美曲膦酯、硝硫氰胺
肝吸虫	沼螺、豆螺、淡水鱼虾	囊蚴	经口	肝胆管	胆道胆囊炎症	粪便或十二指肠液检查虫卵	广东、台湾等省	猫、犬等家畜和野生动物	不食生鱼、虾、改进养鱼方法，消灭病猫、病犬	吡喹酮、血防-846、呋喃丙胺、氯喹、硫氯酚
姜片虫	扁卷螺、菱、荸荠、茭白等(媒介)	囊蚴	经口	小肠(上部)	夺取营养、消化道症状	粪检虫卵	浙江、广东、江西、江苏等省	猪	预防感染（菱、荸荠）粪便管理治疗病猪	吡喹酮、槟榔、硫氯酚、呋喃丙胺、血防-846

续表

虫种	中间宿主或媒介	感染期	感染途径	主要寄生部位	致病情况	检查方法	流行情况	保虫宿主	防治原则	
									预防	治疗药物
肺吸虫	川卷螺、溪蟹、蛄	囊蚴	经口	肺(脑)等	破坏肺、脑组织形成囊肿、脓肿、胸痛、头痛、咯血、癫等	检查痰及粪便中虫卵	浙江、吉林、辽宁、黑龙江、四川及台湾等省	猫、犬、虎、豹等	不生食溪蟹、蛄、消毒痰液，捕杀病猫、犬等	吡喹酮、硫氯酚、依米丁、氯喹
猪肉绦虫	猪、人	猪囊尾螺虫卵	经口	小肠(囊尾蚴:皮下、肌肉等)	夺取营养消化道症状、猪囊尾蚴病	检查粪中虫体、孕节或虫卵(囊尾蚴病诊断困难)	各地均有、北方及西南较多	无	肉类检查,不吃生猪肉，粪便管理	槟榔南瓜子、氯硝柳胺、甲苯达唑、吡喹酮、阿苯达唑
牛肉绦虫	牛	牛囊尾物	经口	小肠	夺取营养、消化道症状	检查节片,透明胶纸法查卵	多见于西藏、内蒙古、贵州、新疆等地	无	肉类检查,不吃生牛肉，粪便管理	槟榔南瓜子、氯硝柳胺、甲苯达唑、吡喹酮、阿苯达唑
棘球蚴	人、羊、牛等	卵	经口	肝、肺等	包虫压迫或损害肝、肺等脏器,有时可引起过敏性休克	血清试验,X线等检查	西北、内蒙古、新疆等畜牧区	人体传染源系来自病犬	个人卫生处理病犬及犬粪、处理病羊、牛脏器	手术摘除、阿苯达唑、甲苯达唑、吡喹酮

第二章　医学原虫

实验十四　阿米巴(一)

本实验涉及溶组织内阿米巴(痢疾阿米巴)(*Entamoeba histolytica*)和结肠内阿米巴(*Entamoeba coli*)。

(一) 提要

溶组织内阿米巴是单细胞动物,它的生活史有滋养体和包囊两个时期。包囊→肠腔内滋养体→包囊是溶组织内阿米巴生活史的基本过程。随宿主粪便排出的四核包囊是感染期,经口感染,在大肠腔内的滋养体形成包囊,或行二分裂增殖。在一定条件下可侵入宿主组织引起病变。

(二) 要求

1. 掌握溶组织内阿米巴的生活史要点。
2. 能辨认溶组织内阿米巴滋养体及包囊的形态特点,与结肠内阿米巴滋养体,包囊区别。
3. 掌握溶组织内阿米巴包囊和结肠内阿米巴包囊在碘液涂片里的形态特点。
4. 熟悉溶组织内阿米巴的实验室检查方法:生理盐水涂片法以及碘液涂片法。

(三) 实验

1. 溶组织内阿米巴滋养体(铁苏木精染色玻片标本)　将标本置于显微镜载物台上,先用低倍镜找到在玻片内有蓝色小点(即红细胞)集聚处之周围,有较红细胞大而染色较淡的、圆形或呈椭圆形的滋养体后,应将其移向视野中心,并在载玻片上滴加镜油一滴,转换油镜检查。此时只可用细调节器纠正焦距,切不可用粗调节器,否则会损坏镜头或标本。看到清晰的滋养体后仔细观察(图 2-1)。

(1) 形态:为圆形或椭圆形,伪足不易见。内质淡蓝黑色颗粒,常有染色深的蓝黑色红细胞在细胞浆内。核圆形,呈蓝黑色,核膜较薄,核仁细小位于核之中央,在核膜内面的染色质颗粒分布较均匀。

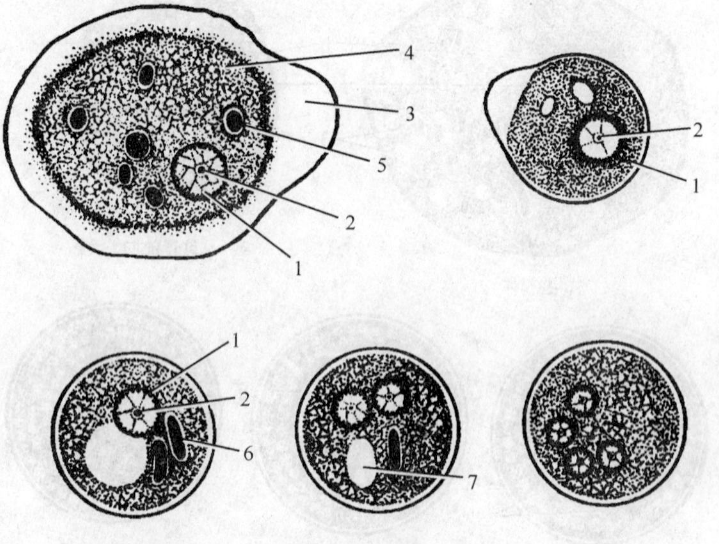

图 2-1 溶组织内阿米巴各期形态

1. 核;2. 核仁;3. 外质;4. 内质;5. 红细胞;6. 拟染色体;7. 糖原泡

(2) 大小:为 12~60μm。

2. 溶组织内阿米巴包囊(铁苏木精染色玻片标本) 包囊为圆形,囊内可见1~4 核,核的构造同滋养体。在 1~2 核包囊内可见到染色较深、两端钝圆、棒状的拟染色体。

3. 溶组织内阿米巴包囊(碘液染色标本) 用低倍镜找与镜内指针直径大小相似的淡黄色圆形小体然后换高倍镜观察(彩图 1)。

其外形为圆形,囊壁薄,透明,细胞质染成淡黄色,可见 1~4 个圆形反光较强的核,有时可见反光较强的棒状拟染色体。如含有糖原泡,则被碘液染成棕黄色,糖原泡的边缘模糊。

4. 结肠内阿米巴滋养体 观察方法与溶组织内阿米巴相同,但观察形态二者的区别(图 2-2)

(1) 核:核膜内面染色质颗粒较粗,分布不匀,核仁较大,偏位。

(2) 细胞质(内质):多空泡,食物泡内含细菌。

5. 结肠内阿米巴包囊(铁苏木精染色玻片标本) 观察方法与溶组织内阿米巴滋养体相同,包囊较大。

核数目 1~8 个,圆形,核结构与滋养体相同。有时可见碎片状或草束状的拟染色体,大小约 10~30μm。

6. 结肠内阿米巴包囊碘液染色标本 观察方法同溶组织阿米巴包囊碘染标本(彩图 1)。

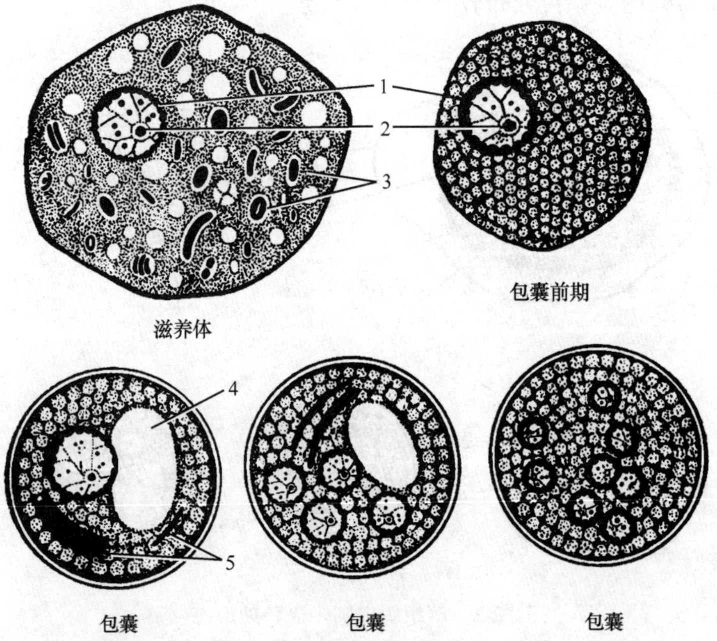

图 2-2 结肠内阿米巴

1. 核;2. 核仁;3. 食物;4. 糖原泡;5. 拟染色体

外形为圆形,包囊壁较厚,核 1~8 个。核清楚易见。如有糖原泡,形状似溶组织内阿米巴包囊的糖原泡。

(四) 示教

1. 溶组织阿米巴滋养体 铁苏木精染色玻片标本(油镜观察)。

2. 夏科-雷登结晶(油镜下观察)。

(1) 形态:为大小不等的菱形结晶体。

(2) 大小:(20~30) μm。

3. 活阿米巴滋养体 生理盐水涂片(高倍镜观察)。

取自培养基的滋养体,注意其伪足定向运动。

4. 肠阿米巴病理标本(肉眼观) 在回盲肠区可见肠黏膜表面形成了多数灰黄色的坏死和溃疡。

5. 肠阿米巴病理切片(低倍镜观察) 可见溃疡底部和边缘为残留的坏死组织,其附近炎性反应轻微,仅见少量淋巴细胞和浆细胞。在坏死与活组织交界处可见阿米巴滋养体,有的侵入黏膜下层和肌层。

(五) 思考题

1. 溶组织内阿米巴发育过程的不同形态结构特点及生活史,致病,诊断,流行病学等关系怎样？

2. 溶组织内阿米巴的寄生虫学诊断及注意点有哪些？

3. 为什么有阿米巴痢疾的病人，有时并发肝、肺等脓肿？

4. 什么叫阿米巴带虫者？在流行病学上有什么意义？

5. 在阿米巴肝肿脓的脓液中是否能查到包囊期？

6. 溶组织内阿米巴的流行因素及预防原则有哪些？

实验十五　阿米巴(二)

本实验涉及布氏嗜碘阿米巴(Lodamoeba butschlii)和微小内蜒阿巴(Endolimax nana)。

(一) 要求

认识这些非致病阿米巴包囊的形态特点与痢疾阿米巴包囊区别。

(二) 实验

1. 布氏嗜碘阿米巴包囊

(1) 染色玻片标本：方法同前次实验(油镜观察)。

(2) 形态：为圆形、椭圆形或不规则形，内有一大的空泡(糖原泡)，核圆形，常是一个，核仁大，位于核之一侧，核膜上的染色质颗粒少，核膜较薄。大小约 10μm 左右(图 2-3)。

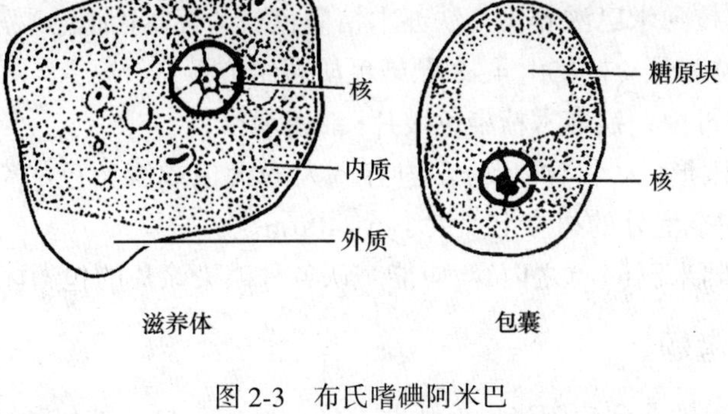

图 2-3　布氏嗜碘阿米巴

2. 布氏嗜碘阿米巴包囊碘液染色标本(彩图 1) 用低倍镜找到标本后换高倍镜观察。

形态:形状不一,淡黄色,内有一大而被染成棕黄色的糖原泡,边缘清楚,为其主要特征之一。

3. 微小内蜒阿米巴包囊 用低倍镜找到与指针直径相似,淡黄色的椭圆形或圆形包囊再换高倍镜观察。

形态:淡黄色,椭圆形或圆形,一般见四个亮的小圆点为核,不太明显,有时位于包囊一端(图 2-4)。

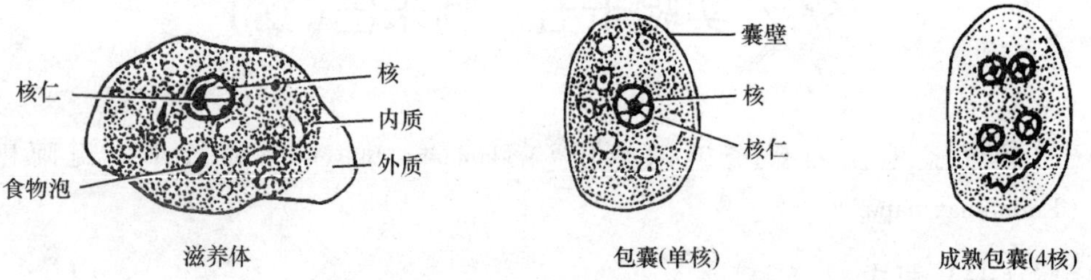

图 2-4 微小内蜒阿米巴

(三) 示教

1. 微小内蜒阿米巴包囊铁苏木精染色玻片标本(油镜观察)

形态:球形或椭圆形。核数目 1~4 个,核仁大偏于一旁,核膜薄,大小 8~10μm。

2. 哈氏内阿米巴(E. hartmanni)包囊 铁苏木精染色玻片标本(油镜观察)。

4~10μm,核的结构相似于痢疾阿米巴。糖原泡小而不规则,拟染色体小而多(4~6 个或更多)形状多变。

3. 脆弱双核阿米巴滋养体 铁苏木精染色玻片标本(油镜观察)。

7~12μm,核 2 个,核仁由 4~8 颗染色质粒组成。

4. 人肠酵母菌 铁苏木精染色玻片(油镜观察)。

圆形或椭圆形(大小不一致)。内有一大的无色或淡蓝色的空泡。核的数目不定,多分布在空泡外的边缘上。大小 6~40μm。

复习上次阿米巴(一)之内容,应能辨认各种碘染涂片的包囊标本。

(四) 思考题

寄生在肠道的非致病阿米巴有哪些? 形态特点怎样? 如何和致病阿米巴区别(表 2-1)?

附：溶组织内阿米巴与其他非致病阿米巴形态鉴别表（表 2-1）

表 2-1　溶组织内阿米巴与其他非致病阿米巴形态鉴别表

		特　征	溶组织内阿米巴	哈氏内阿米巴	结肠内阿米巴	微小内蜒阿米巴	布氏嗜碘阿米巴	脆弱双核阿米巴	齿龈内阿米巴
滋养体	未染色	大小 μ(直径)	12~60	3~12	20~50 迟缓	3~12	5~20 迟缓	7~12 波状运动	6~40
		活动力	活泼，有定向	迟缓	1 个，可见	迟缓	1 个，偶见	2 个不易见	较活泼
		细胞核	1 个，不易见	1 个，不易见	内外质分明	1 个，隐约可见	内外质不分明	内外质分明	1 个，可见
		细胞质	内外质分明	内外质分明	细菌	内外质不分明	细菌	细菌	内外质分明
		吞噬物	红、白细胞	细菌		细菌			细菌
	铁苏木精染色	细胞核	常位于中央	常位于中央	常偏一侧	位于中央	位于中央	2 个	常位于中央
		核仁	小，居中	小，居中或偏位	大，偏位	大，居中	大，居中	大，居中	居中或略偏
		核周染粒	细小，分布匀	细小，分布不匀	粗大，分布不匀	缺	缺	缺	粗大
包囊	碘液染色	大小 μ(直径)	5~20	4~10	10~30	4~10	8~10		
		形状	类 圆	类圆	类圆	类圆或椭圆	不规则或类卵圆		
		细胞核	1~4(8 个少)	1~4	1~8(16 很少)	1~4	1 个被挤在一边		
		糖原泡	未成熟包囊可见	同左	同左	未成熟包囊	1~2 个大，规则		
	铁苏木精染色	细胞核	同滋养体	同滋养体	同滋养体	同滋养体	核仁大而偏位		
		拟染色体	1 至数个，棒状	数目较多的短棒或碎粒体	罕见、束状或晬片状	无	无		

实验十六　杜氏利什曼原虫(黑热病原虫)
(*Leishnmanaia donovani*)

(一) 提要

杜氏利什曼原虫主要寄生在人体单核-吞噬细胞里,通过媒介昆虫白蛉的叮咬而传播,感染新宿主,在人体里的发育阶段为无鞭毛体,在白蛉体内是前鞭毛体。

(二) 要求

能辨认杜氏利什曼原虫(利杜体)的形态特征。

(三) 实验

1. 杜氏利什曼原虫无鞭毛体(利杜体)肝脏涂片(吉氏液染色)　先用低倍镜观察清楚血细胞或组织细胞后,换高倍镜,在单核-吞噬细胞内或红细胞外看到约小于红细胞 2~3 倍的紫红色小点,再换油镜观察。

(1) 形态:椭圆形或圆形,细胞质为淡蓝色(有时颜色不明显)。细胞核红色、较大,圆形。动基体紫红色多为棒状(常较核色深,有时为点状)。

(2) 大小:2. 8μm×4. 4μm(图 2-5)。

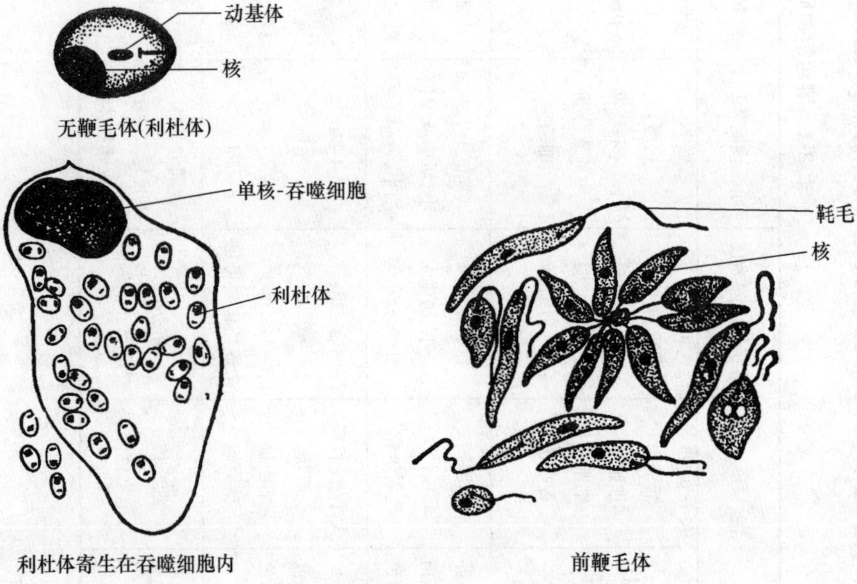

图 2-5　杜氏利什曼原虫的各期形态

2. 前鞭毛体涂片　用吸管吸取培养液一滴，滴于载玻片上并盖上盖玻片，在高倍镜下观察。可见虫体摆动，由于鞭毛的关系，常聚在一起呈菊花形，闪亮透明。

(四) 示教

杜氏利什曼原虫前鞭毛体三N培养基涂片（吉氏液染色）：（油镜观察）

(1) 形态：纺锤形，核位于中央，呈红色，前端伸出一根游离的鞭毛。（常多个聚在一起菊花状）

(2) 大小：长约11.3~15.9μm。

(五) 思考题

1. 杜氏利什曼原虫的形态和生活史有哪些特点？
2. 杜氏利什曼原虫寄生部位和致病力怎样？诊断方法和注意点有哪些？
3. 杜氏利什曼原虫的流行病学特点和预防原则有哪些？

实验十七　蓝氏贾第鞭毛虫

(*Giardia lamblia*)

(一) 提要

蓝氏贾第鞭毛虫生活史有滋养体和包囊两期。滋养体寄生在十二指肠和空肠，进入小肠后段后形成包囊。感染期为四核包囊，经口感染。

(二) 要求

观察肠内寄生的鞭毛虫的形态特点。

(三) 实验

蓝氏贾第鞭毛虫包囊（铁苏木精染色）　先用低倍镜找到椭圆形周围光滑的包囊，换高倍镜观察，最后换油镜仔细观察。

(1) 形态：包囊呈椭圆形，包囊壁和虫体之间有明显的空隙，尤其在两端空隙更大，这是主要特点之一。核圆形，2~4个，常位于包囊一端，仍可看到残留的鞭毛一至数条，轴柱明显可见。

(2) 大小：约(7.5~9)μm×(10~14)μm（图2-6）。

碘液染色标本。

先用低倍镜观察，可见淡黄色椭圆形，较镜内指针直径略大的，周围光滑有反光性的包囊，换高倍镜仔细观察，能看到反光较强的核及由鞭毛和轴柱组成的丝状物(彩图 1)。

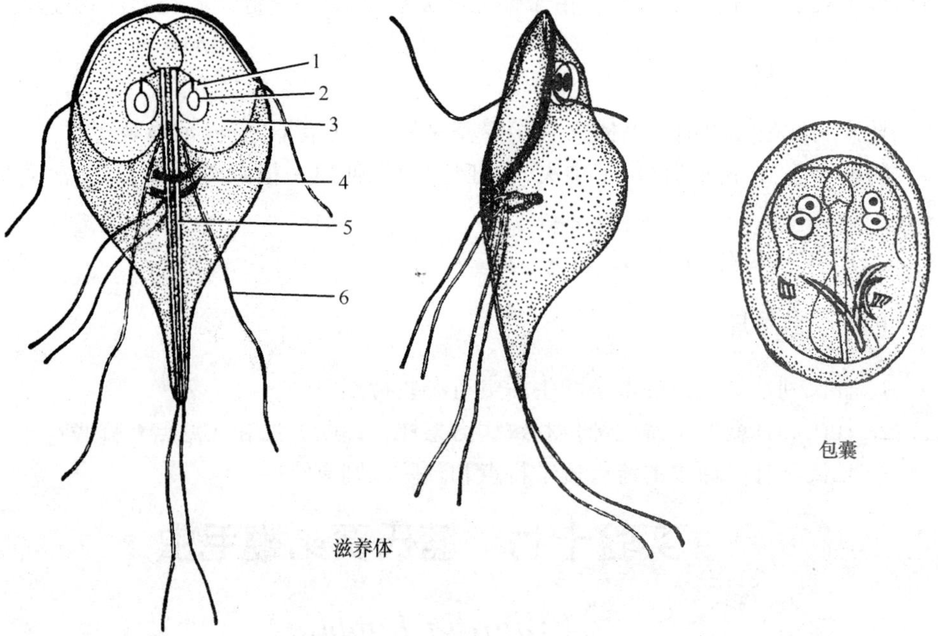

图 2-6 蓝氏贾第鞭毛虫

1. 核;2. 核仁;3. 吸盘;4. 副基体;5. 轴柱;6. 鞭毛

(四) 示教

1. 蓝氏贾弟鞭毛虫滋养体(铁苏木精染色)(油镜观察)

(1) 形态:球拍状,前端钝圆,后端尖细,背面隆起,腹面凹陷形成吸盘,可见两个圆形的核在吸盘中央及 8 根鞭毛,分前、中、腹、后鞭毛各一对,每对鞭毛都有体内部分和游离部分。

(2) 大小:(12~15)μm×(7~8)μm。

2. 梅氏唇鞭毛虫滋养体(铁苏木精染色) 可见鞭毛,核,胞口及螺旋沟。

3. 梅氏唇鞭毛虫包囊(碘液染色高倍镜观察) 可见较小的淡黄色梨形包囊,囊内可见反光较强的核。

4. 人肠毛滴虫滋养体(铁苏木精染色) 可见前鞭毛 2~3 根,波动膜(占虫体一侧的全长)和核一个,体前部有胞口。

(五) 思考题

蓝氏贾弟鞭毛虫和人肠滴虫的形态特点和致病力怎样?

实验十八　阴道毛滴虫(阴道滴虫)
(*Trichomonas vaginalis*)

(一) 提要

阴道滴虫能引起滴虫性阴道炎，往往是通过直接或间接接触方式而传播，生活史里只有滋养体。怎样来发现和确诊滴虫性阴道炎患者？

(二) 要求

能辨认阴道滴虫的形态特点。

(三) 实验

1. 阴道滴虫滋养体(铁苏木精染色)　在低倍镜下找到梨形或近似圆形，大小约可和上皮细胞的细胞核相近似的虫体最后换油镜观察。

外形为梨形(或近似圆形)，大小为(10～30)μm×(5～15)μm 前端钝圆，后端尖细。前端有前鞭毛 4 根，有时可看清体中央的轴柱。虫体一侧可见到由一后鞭毛和虫体形成的波动膜(占体前 1/2 左右)，核较大，为椭圆形，位于虫体前端。核的上缘有 5 颗排列成环状的基体，鞭毛由此发出(图 2-7)。

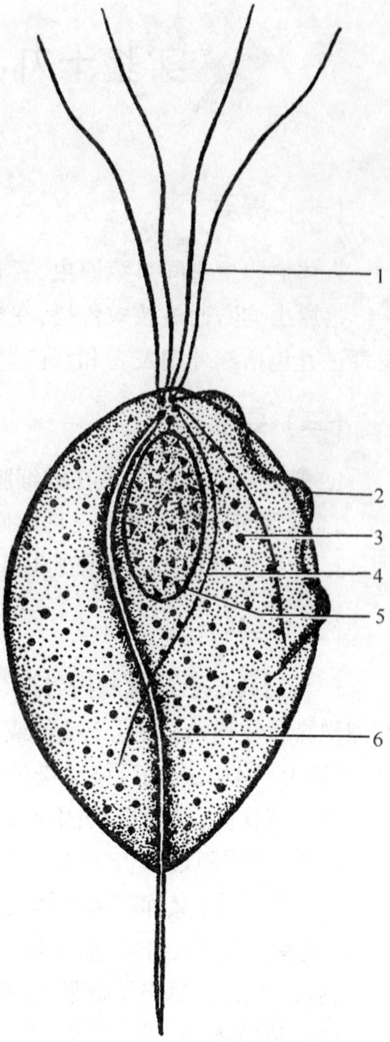

图 2-7　阴道毛滴虫

1. 前鞭毛；2. 波动膜；3. 染色质基杆；4. 副基纤维；5. 核；6. 轴柱

2. 阴道滴虫滋养体(培养液或阴道分泌物直接涂片)　用吸管吸取培养液一滴，滴于载玻片上，并盖上盖玻片，在低倍镜下减弱光线观察，可见梨形或近似圆形、透明无色、运动活泼的虫体，最后换高倍镜观察，并注意光线不宜太强。标本不宜放置太久，否则标本易干，影响观察。

可清楚地见到鞭毛，波动膜的活动，使整个虫体呈波浪式或螺旋式的运动，有的有明显的移位现象。

(四) 示教

阴道滴虫滋养体铁苏木精染色标本:内容同实验项目。

(五) 思考题

1. 阴道滴虫的形态和生活史有哪些特点?
2. 阴道滴虫的寄生部位和致病力怎样? 寄生虫学诊断方法有哪些?
3. 阴道滴虫的传播方式、流行因素、预防原则有哪些?

实验十九 疟原虫(*Plasmodium*)

(一) 提要

人体疟原虫有间日疟原虫,三日疟原虫、恶性疟原虫及卵形疟原虫四种。

疟原虫均需通过按蚊传播,在蚊体发育过程直接受外环境条件的影响,在人体发育过程包括红外期发育和红内期发育。

(二) 要求

1. 能辨认间日疟原虫在红细胞内务期形态特点。
2. 鉴别间日疟原虫和三日疟原虫的滋养体与裂殖体期的主要不同点。
3. 认识恶性原虫在红细胞内环状体,配子体形态。

(三) 实验

1. 间日症原虫红细胞内各期(吉氏染色薄血涂片) 先用低倍镜观察血膜上红细胞涂布较均匀(无过于疏稀或有重叠)处,再用油镜观察红细胞内寄生的疟原虫,疟原虫经姬氏或瑞氏染液染色后,核呈红色,细胞质呈蓝色(彩图 2,彩图 3)。

(1) 环状体:呈戒指状,由红色点状的核,淡蓝色规则的环,及环中无色区(空泡)组成。其体积通常占正常红细胞直径的 1/3。被寄生的红细胞色较淡。

(2) 滋养体(又称阿米巴体):其形态不规则。蓝色的细胞质增多且不规则,伸出伪足如阿米巴状,有空泡,在原虫细胞质内,可见散在的棕黄色的细小颗粒,为疟色素,被寄生的红细胞开始胀大,有时可见红色薛氏小点。

(3) 裂殖体

1) 未成熟裂殖体:疟原虫逐渐发育,细胞核开始分裂为数个,蓝色的细胞质还没有分裂,疟色素较集中,被寄生的红细胞显著胀大,有时可见红色的薛氏小点。

2) 成熟裂殖体:核的分裂数已增多,通常为 12~24 个(平均 16 个)排列不规则,细胞质也分裂成许多小团,分别包绕于每一个核的周围,形成许多新的小个体,称裂殖子,疟色素较集中,被寄生的红细胞显著胀大。

(4) 配子体:核一个,但较大,细胞质较规则,常呈圆形,细胞质内有分散的疟色素(颗粒较粗,明显易见)。原虫几乎充满了已胀大的红细胞,红细胞内可见薛氏小点。配子体分雌、雄两种。

1) 雄配子体:核较大(疏松)染色较淡,通常位于原虫中央,细胞质蓝色较淡,略带红色。

2) 雌配子体:核较小(致密),染色较深,通常位于原虫的边缘,细胞质深蓝色。

2. 恶性疟原虫

(1) 环状体:体积小,通常只占被寄生的红细胞直径的 1/5~1/4,常可见到双核的环状体,边缘型(即疟原虫位于被寄生的红细胞边缘上,形状不像环状,而是成细条状)和重复感染型(即一个红细胞内有一个以上环状体同时寄生)。

(2) 配子体:腊肠或半月形,分雌、雄两种。

1) 雄配子体:腊肠形,两端钝圆,短而粗,体较直,核疏松,疟色素颗粒分散在核的周围。

2) 雌配子体:新月形,长而细,体较弯,两端较尖,核致密,疟色素在核周围较多。

(四) 示教(油镜观察)(彩图 2,彩图 3)

1. 间日疟原虫

(1) 环状体。

(2) 滋养体。

(3) 裂殖体。

(4) 配体子。

2. 三日疟原虫

(1) 滋养体:(带状体)此期原虫的形态呈带状,细胞质致密(不呈空泡状),红细胞不胀大。

(2) 裂殖体:成熟裂殖体的核通常分裂为 6~12 个,排列成花瓣状,疟色素较集中,常位于中央。被寄生的红细胞并不胀大。

(3) 配体子:结构同间日疟原虫,红细胞不胀大(彩图 2)。

3. 蚊胃壁上疟原虫囊合子(解剖镜或低倍镜)　在锥形的蚊胃壁外,突出的圆球形即为囊合子。

4. 蚊唾液腺内游离出的子孢子(油镜观察)　可见到梭形,很小的子孢子。

(五) 操作

详见寄生虫病诊断技术。

厚、薄血片的制作(见附录)

(六) 思考题

1. 寄生在人体的三种疟原虫的红细胞内期形态主要区别点有哪些?

2. 疟原虫的生活史有哪些特点?生活史各发育阶段和疟疾的潜伏期、发作、复发再燃等有何关系?

3. 疟原虫的致病?寄生虫学诊断方法及注意点。

4. 疟疾的流行因素及预防原则有哪些?

附:薄血膜中 4 种疟原虫的形态比较(表 2-2)

表 2-2 薄血膜中 4 种疟原虫的形态比较

	间日疟原虫	恶性疟原虫	三日疟原虫	卵形疟原虫
环状体	胞质淡蓝色,环较大,约为红细胞直径的1/3;核 1 个,偶有 2 个;红细胞内通常只寄生 1 个原虫	环纤细,约为红细胞直径的1/5;核 1~2 个;红细胞内常有 2 个以上原虫寄生,虫体常位于红细胞边缘	胞质深蓝色,环较粗壮,约为红细胞直径的1/3;核 1 个;红细胞很少含有 2 个原虫	似三日疟
大滋养体	核 1 个;胞质增多,形状不规则,有伪足伸出;疟色素棕黄色,细小杆状,分散在胞质内	一般不出现在外周血液,开始集中在内脏毛细血管。体小,圆形,胞质深蓝色;疟色素黑褐色,集中	体小,圆形或带状,空泡小或无,亦可呈大环状;核 1 个;疟色素深褐色、粗大、颗粒状,常分布于虫体边缘	体较三日疟大,圆形,空泡不显著;核 1 个;疟色素似间日疟,但较粗大
未成熟裂殖体	核开始分裂;胞质随着核的分裂渐呈圆形,空泡消失;疟色素开始集中	外周血不易见到。虫体仍似大滋养体,但核分裂成多个;疟色素集中	体小,圆形,空泡消失;核 2 个以上;疟色素集中较迟	体小,圆形或卵圆形,空泡消失;疟色素集中较迟
成熟裂殖体	虫体充满红细胞,裂殖子 12~24 个,排列不规则;疟色素集中	外周血不易见到。裂殖子 8~36 个,排列不规则;疟色素集中	小于正常红细胞;裂殖子 6~12 个,常为 8 个,排成一环;疟色素常集中在中央	似三日疟,但疟色素集中在中央或一侧
雌配子体	虫体圆形或卵圆形,占满胀大的红细胞,胞质蓝色;核小致密,深红色,偏向一侧;疟色素分散	新月形,两端较尖,胞质蓝色;核致密,深红色,位于中央;疟色素黑褐色,分布核周围	小于正常红细胞,圆形;胞质深蓝色;核 1 个,较小致密,深红色,偏于一侧;疟色素多而分散	似三日疟;疟色素似间日疟
雄配子体	虫体圆形,胞质蓝而略带红色;核大,疏松,淡红色,位于中央;疟色素分散	腊肠形,两端钝圆,胞质蓝而略带红色;核疏松,淡红色,位于中央;疟色素分布核周	小于正常红细胞,圆形;胞质浅蓝色;核 1 个,较大疏松,淡红色,位于中央;疟色素分散	似三日疟,疟色素似间日疟

续表

	间日疟原虫	恶性疟原虫	三日疟原虫	卵形疟原虫
被寄生的红细胞变化	除环状体外,其余各期均胀大,色淡;并常见较多鲜红色、细小的薛氏小点	正常或略小,可有数颗粗大紫红色的茂氏点	正常或略小;偶见少量、淡紫色、微细的齐氏小点	略胀大,色淡,部分长形,边缘呈锯齿状;常见较多红色、粗大的薛氏小点,且环状体期即可出现

实验二十　弓形虫(*Toxoplasma gondii*)

(一) 要求

了解弓形虫滋养体的形态特征。

(二) 实验

弓形虫滋养体(油镜观察):此标本是感染小鼠的腹腔液涂片,经吉氏染液染色制成(临床上是取急性期患者的体液、脑脊液、淋巴结穿刺液等离心沉淀或直接涂片经染色后检查)。弓形虫滋养体寄生于宿主内皮细胞、单核细胞或其他组织细胞中或游离在细胞外。滋养体呈香蕉形或半月形,一端尖,一端钝圆;一边扁平,另一边较膨隆;长 4~7μm,宽 2~4μm,平均为 1.5~5.0μm;胞质呈蓝色,核呈红色位于虫体中央,在胞质较尖的一端有可见一较小的红色颗粒称副核体(图 2-8)。

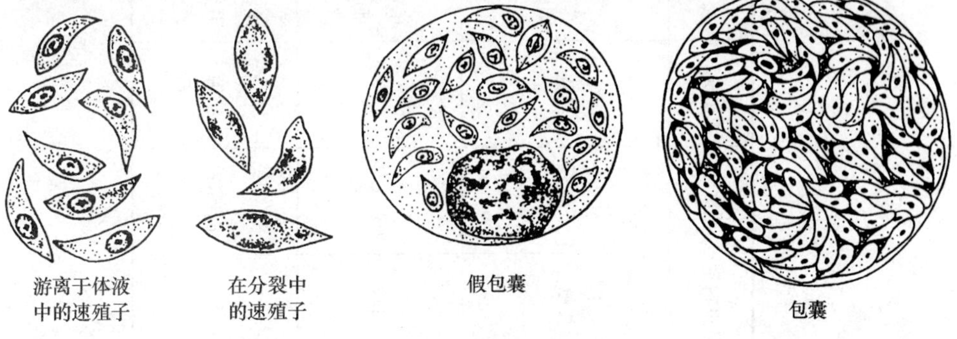

图 2-8　弓形虫各期形态

附：医学原虫小结（表 2-3）

表 2-3　医学原虫小结表

虫种	昆虫宿主	感染期	感染途径	主要寄生部位	致病情况	检查方法	流行情况	保虫宿主	防治原则	
									预防	治疗药物
疟原虫	按蚊	子孢子	经肤	红细胞肝细胞	疟疾发作，贫血、脾肿大	血液检查疟原虫	南方较多、北方较少	无	防蚊灭蚊，保护健康人	青蒿素，氯喹、奎宁、乙胺嘧啶、伯喹、砜类及磺胺类甲氟喹、磷酸咯萘啶、常山、鸦胆子
黑热病原虫	白蛉	前鞭毛体	经肤	单核-吞噬细胞系统	发热，肝、脾肿大，全血性贫血，抵抗力减退	穿刺骨髓、肝、脾、淋巴结、皮肤活组织检查利杜体	长江以北个别地区尚有散在病例	犬	防蛉灭蛉，消灭病犬	葡萄糖酸锑钠、二脒替、戊烷脒，新斯锑波霜，两性霉素 B
阴道滴虫	无	滋养体	接触	阴道、尿道、男性泌尿系统	滴虫性阴道炎	阴道分泌物检查滋养体	女性为主	无	个人卫生，公共卫生	甲硝唑、乙酰胂胺。局部外用：蛇床子药膏。阴道冲洗：高锰酸钾、乳酸溶液

续表

虫种	昆虫宿主	感染期	感染途径	主要寄生部位	致病情况	检查方法	流行情况	保虫宿主	防治原则	
									预防	治疗药物
蓝氏贾第鞭毛虫	无	成熟包囊	经口	小肠黏膜、胆管系统	腹痛、腹泻、胆囊炎	由粪便及十二指肠液内检查包囊、滋养体	全球性，是我国常见的寄生虫之一	海狸	个人卫生，公共卫生	甲硝唑、替硝唑、氯喹等
痢疾阿米巴	无	成熟包囊	经口	结肠	阿米巴痢疾、肝脓肿等	粪便检查滋养体及包囊	一般散发，北方多于南方	无	粪便管理，个人卫生，饮食卫生，消灭苍蝇	甲硝唑、喹碘方、卡巴砷、依米丁、氯喹、硝唑咪、鸦胆子、白头翁、巴龙霉素、泛喹酮
结肠小袋纤毛虫	无	成熟包囊	经口	结肠	结肠小袋纤毛虫痢疾、肠外扩散	粪便检查滋养体及包囊	一般为散发	猪	同痢疾阿米巴病	甲硝唑、喹碘方、卡巴砷、四环素族抗生素
弓形虫	多种昆虫和某几种蜱	囊合子、包囊滋养体	经口、经胎盘、经肤等	细胞内寄生	先天性弓形虫病引起发育异常，后天性感染多呈隐性感染	免疫诊断、病原诊断	世界性	猪、羊、鸡等多种动物*	管好家畜、防止水源、食物污染，不吃生肉、生蛋、生乳品等	急性感染时用磺胺类药物和乙胺嘧啶、螺旋霉素有一定疗效

* 目前仅证实猫及某些猫科动物为其终宿主，中间宿主则非常广泛，包括爬行类、鱼类、昆虫类、鸟类、哺乳类等动物，人也是它的中间宿主。

第三章 医学节肢动物

实验二十一 蚊(mosquito)

(一) 提要

蚊虫是很多疾病的传播媒介,像疟疾、丝虫病、乙型脑炎等。蚊虫的生活史包括卵、幼虫、蛹、成虫四期。前三期生活在水里,只有成蚊叮人吸血传播病原体。蚊虫种类很多,与传播疾病有关的常见蚊种,大多属于按蚊、库蚊和伊蚊三属。这三属蚊类,在形态上、生态上,以及与疾病的关系上、都有所不同。

(二) 要求

1. 辨认真蚊与假蚊的区别特点。
2. 辨认按蚊、伊蚊,库蚊生活史各期形态区别特点。

(三) 实验

1. 库蚊(淡色库蚊)成虫针插标本　用放大镜(10×观察)(图 3-1)。

(1) 身体:呈淡褐色,分头、胸、腹三部分。

(2) 头部:头前部中央有喙一个,为细长管状,喙的两侧有触须一对,其长度与喙长度的比是区别库蚊和伊蚊雌、雄的主要特点之一(库蚊雌性触须等于喙长度的1/5~1/4,雄性触须约与喙等长或超过喙的长度,并且末端膨大)同时也是区别雌、雄性按蚊,库蚊和伊蚊特点之一。雌性按蚊的触须约与喙等长,触须的外侧有一对触角,触角上有许多毛,雌蚊触角上的毛稀少而且短,雄蚊则多而长,是区别蚊虫雌雄的主要依据之一。

(3) 胸部:有翅一对,翅上有排列定形的翅脉(脉序),脉序特征,前缘脉一支,亚前缘脉一支,第一纵脉一支,第二纵脉在翅前 2/3 处分二支,第三纵脉一支;第四、五纵脉均为二分支,第六纵脉一支,翅上生有许多鳞片,翅的后缘有许多鳞片垂着,形成缘缨。

中胸小盾片的后缘为花瓣状(伊蚊,库蚊)。

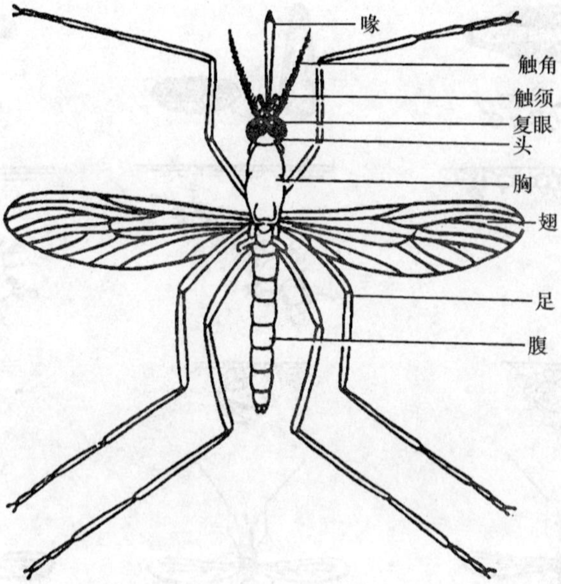

图 3-1　成蚊外部形态

(4) 腹部:分节,由 10 节组成,末端两节形成外生殖器。用放大镜不易看清(图 3-2)。

2. 库蚊幼虫玻片标本　先用肉眼看,再用低倍镜观察。

(1) 身体分头,胸,腹三部。

(2) 身体上有很多羽状毛:头部有眼一对,触角一对及一对口刷。胸部为融合的三节组成,无明显分界,腹部由 9 节组成,第 8 节上有呼吸孔一对(按蚊)。库蚊、伊蚊则为呼吸管,尾部有一尾刷,尾鳃,尾毛。

3. 五斑按蚊成虫(雌)针插标本(放大镜观察)　体呈灰褐色,触须与喙约等长,(是按蚊主要特点之一)在第二翅脉之基部,第二,四翅脉之分支处,及第三翅脉基部之横脉处,由与身体同色的鳞片密集而形成的五个斑点。为此种蚊的主要特征之一。中胸小盾片后缘为弧形。

4. 按蚊幼虫玻片标本　1~7 节背两侧有浮毛(棕状毛或掌状毛),第 8 节有呼吸孔一对,第 9 节形成尾部。气孔后方有尾鞍,尾刷,肛腮,尾毛。

(四) 示教

1. 按蚊雌,雄头部玻片标本　参见实验内容。

2. 库蚊雌,雄头部玻片标本　参见实验内容。

3. 萨氏按蚊成虫针插标本　与五斑按蚊很相似,但体色较浅,翅缘外侧有白斑。

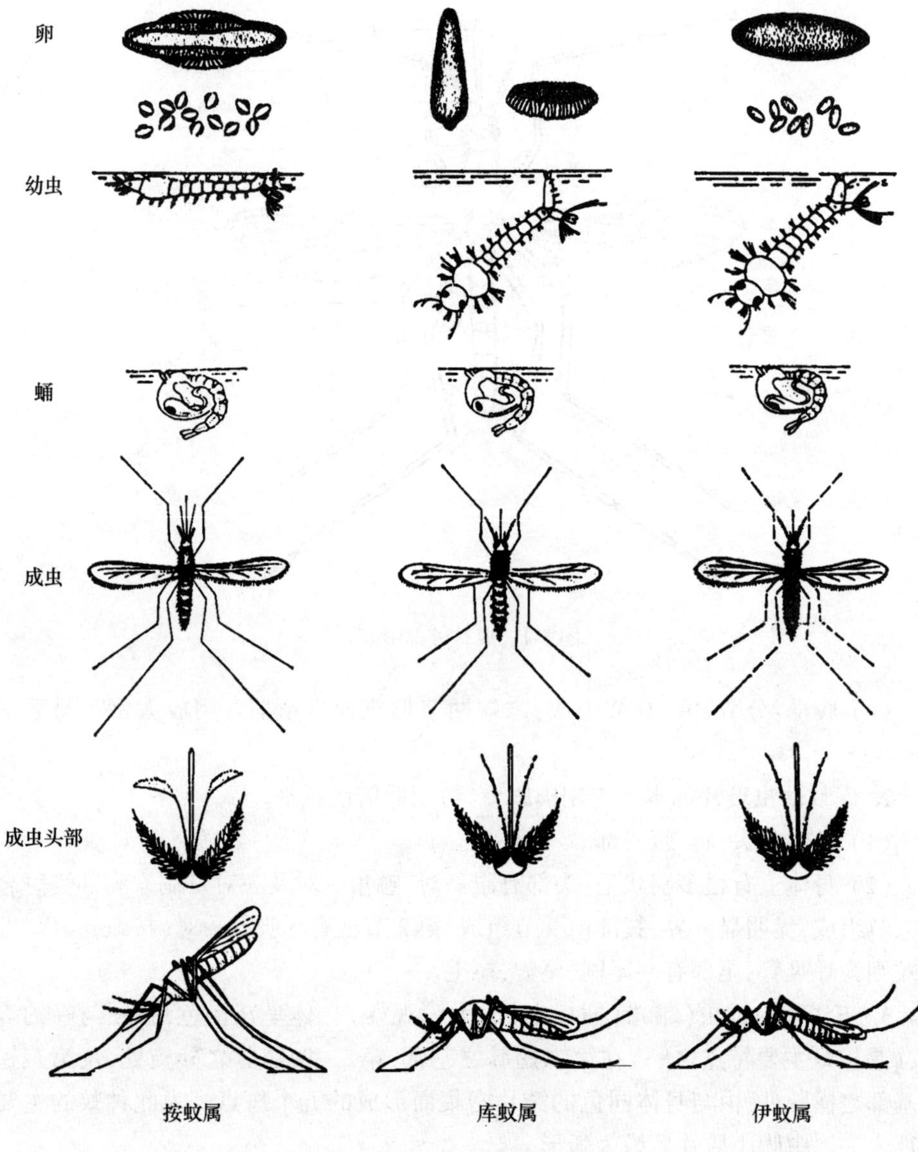

图 3-2 三属蚊各期形态主要区别

4. 海氏按蚊成虫针插标本 体灰褐色，触须上有四个白环，翅前缘脉有两白斑。

5. 背点伊蚊针插标本 体棕黄色，有棕、白色鳞片形成的斑点，中胸背板上有一条棕色带及两条白色侧纹，腹背板前缘有白色鳞片组成的白横带，腹背板中间有白色鳞片组成的白色纵带，腿上有棕、白两色分别形成的棕色环及白色环。

6. 伊蚊幼虫玻片标本　呼吸管比库蚊幼虫稍粗短。
7. 按蚊卵　单个产出,如船形,左右两侧有浮器。
8. 库蚊卵　多数卵堆集成块———卵块。
9. 假蚊成虫针插标本　口吻短而向下弯成钩状,翅上没有鳞片。

(五) 思考题

1. 昆虫纲与蛛形纲的节肢动物各有哪些特点?
2. 医学昆虫危害人类的方式有哪些? 作为媒介昆虫应具备的条件有哪些?
3. 真蚊和假蚊形态有哪些区别?
4. 三属蚊虫的主要区别点是什么?
5. 常见的传病蚊虫有哪些种类? 各有何特点?
6. 蚊虫的生活习性有哪些? 对传播疾病和防制有何意义?
7. 蚊虫能传播哪些疾病? 是怎样传播的?
8. 防制蚊虫的具体措施有哪些?

附 1:常见十六种雌蚊检索

1. 触须与喙等长,腹部无鳞片 ………………………… 2
   触须较喙短,腹部有鳞片 ………………………… 3
2. 虫体中等,触须有 4 白环翅前有 2 白斑 ………………………… 中华按蚊
   主竺小型触须有 3 白环,翅前缘有 4 白斑 ………………………… 微小按蚊
3. 翅具白斑或黑白鳞片复杂 ………………………… 4
   翅全黑色 ………………………… 6
4. 翅前缘脉有三白斑,基部白斑仅包括前缘脉及亚前缘脉,但不包括第一纵脉 ……………………………………………… 拟态库蚊
   翅前缘脉无白斑,但黑白鳞片混杂 ………………………… 5
5. 翅鳞片宽大呈三角形,体型中等 ………………………… 常型曼蚊
   翅鳞片虽宽大,不呈三角形,体形较大,中胸盾板鳞片前端为淡黄色,后端为深棕色 ………………………… 二带喙库蚊
6. 中胸有气门后毛 ………………………… 7
   中胸无气门后毛 ………………………… 10
7. 体型较大,喙粗壮稍弯曲 ………………………… 骚扰阿蚊
   体型较小,喙细而长 ………………………… 8
8. 盾片鳞片棕色,腹部背板有白带 ………………………… 骚扰伊蚊
   盾片鳞片黑色有白斑纹 ………………………… 9
9. 盾片中央有一条显著的纵白纹 ………………………… 白纹伊蚊

盾片两侧有两块大白斑 ………………………………………………… 仁川伊蚊
10. 中胸后侧片下毛有 4 根以上，腹节末端数节不全黄色 ……………… 贪食库蚊
中胸后侧片下毛仅 1~2 根 ……………………………………………………… 11
11. 喙有白环 ………………………………………………………………………… 12
喙无白环 ………………………………………………………………………… 14
12. 胸背盾片有白色鳞片、腹部背板基端有三角形白带 ………………… 惠氏库蚊
胸背盾片有棕色鳞片 ………………………………………………………… 13
13. 中足胫节前面有显著的纵纹，前后翅室基部平行 …………………… 魏氏库蚊
中足胫节前面黑色无纵纹，前翅室基部较后翅稍近于翅基部 …… 三带喙库蚊
14. 体型较小，头顶覆盖白色平卧宽鳞片 ……………………………… 马来库蚊
体型中等，头顶鳞片棕色窄而直立 ………………………………………… 15
15. 股、胫节前面有明显的白色纵纹 …………………………………… 迷走库蚊
股、胫节前面无此特征 ……………………………………………………… 淡色库蚊

附 2：常见十六种蚊类幼虫检索

1. 缺呼吸管 ……………………………………………………………………… 2
有呼吸管 ……………………………………………………………………… 3
2. 内唇基毛靠近，外唇基毛树状分枝 ………………………………… 中华按蚊
内唇基毛远离，腹部背板特大 ……………………………………… 微小按蚊
3. 呼吸管形状尖锐，插入水生植物根，基部吸取氧气，不浮水面 ……… 常型曼蚊
呼吸管正常 ……………………………………………………………………… 4
4. 呼吸管无梳齿及毛丛 ……………………………………………………… 骚扰阿蚊
呼吸管有梳齿及毛丛，或只有毛丛 ………………………………………… 5
5. 呼吸管毛丛在后缘，排列一行，口刷粗壮肉食性 ………………… 贪食库蚊
呼吸管有梳齿有毛丛 ………………………………………………………… 6
6. 呼吸管毛丛仅有一对 ……………………………………………………… 7
呼吸管毛丛一对以上 ………………………………………………………… 9
7. 腹部有星状毛 ……………………………………………………………… 仁川伊蚊
腹部无星状毛 ………………………………………………………………… 8
8. 呼吸管梳齿 12~14 个，尾端的 1~2 之间距离较远 ………………… 骚扰伊蚊
呼吸管梳齿 15 个左右，尾端的 1~2 之间距离甚近 ………………… 白纹伊蚊
9. 第八腹节栉齿区呈三角形，齿片多而小 ………………………………… 10
第八腹节栉齿区齿片 4~8 个，排成一行 ………………………………… 14
10. 唇基毛长而弯曲色白而形较细 ………………………………………… 11
唇基毛：短而直，色黑 ……………………………………………………… 12

11. 鞍板毛一根,第八腹节栉齿圆锥形,末端的刺较长 …………………… 淡色库蚊
鞍板毛一对,第八腹节栉齿圆柱形,周围小刺长短相等 …………… 迷走库蚊
12. 额毛 B 及 C 短,达不到唇基,只有 1~2 分,呼吸管中段可能有黑环
……………………………………………………………………………… 马来库蚊
额毛 B 及 C 达唇基,分枝较多,呼吸管中段无黑环 …………………………… 13
13. 呼吸管毛丛共 8~10 对,长度约为呼吸管中段的 2 倍 ……………… 拟态库蚊
呼吸管毛丛共 5 对,另一对短侧毛在亚顶端 ………………………… 三带喙库蚊
14. 额两侧的齿细而多,约有 40 个 ………………………………… 三带喙库蚊
额两侧的齿数较少,约有 20 个左右 ………………………………………… 15
15. 呼吸管直立,毛丛有 6~7 对,分枝 3~5 根 ……………………… 魏仙库蚊
16. 呼吸管微弯曲,毛丛有 5~6 对,分枝 2 根较长 ……………………… 惠氏库蚊

实验二十二　白蛉(sandfly)

(一) 提要

白蛉是比蚊子小的一类吸血昆虫,体黄棕色,背驼、周身多毛。白蛉的生活史包括卵、幼虫、蛹、成虫四期。白蛉成虫在分类上主要根据咽甲、受精囊及雄性外生殖器形态特征。

(二) 要求

1. 认识中华白蛉长管亚种的形态特点。
2. 了解白蛉生活史各期形态特征。

(三) 实验

中华白蛉长管亚种:先用肉眼看,然后用低倍镜观察。

(1) 雄性白蛉玻片标本:身体分头、胸、腹三部。在腹部末端有外生殖器,其上抱器第二节的巨毛有 5 根,两根位于顶端,三根位于近中部。

(2) 雌蛉解剖标本:在旁边的小盖片内,先用低倍镜找,后用高倍镜观察。

1) 咽甲:有很多尖齿,前中部的齿大而少,后部的较小而排列紧密,齿后有若干横脊。

2) 受精囊:玉米棒状为 9~13 节(图 3-3)。

(四) 示教

1. 白蛉生活史

(1) 卵:长圆形,卵壳上有似哈密瓜的花纹。

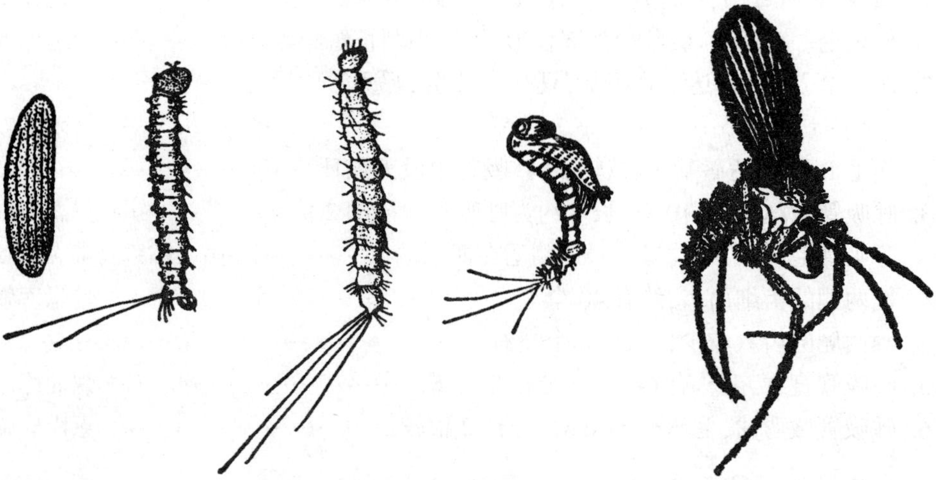

图 3-3 白蛉生活史

(2) 幼虫:身体分头、胸、腹三部,第一期幼虫在腹部末节上生二根长的刚毛,第二至四期幼虫生四根长的刚毛。

(3) 蛹:第四期幼虫脱下的皮仍带在蛹的后面,幼虫皮上的四根刚毛仍然存在。

(4) 成虫:干燥封片标本。

1) 身体小,全身有毛,淡黄色,体分头、胸、腹三部。

2) 头部:有复眼一对,黑色较大,喙位于头前下方,有触须、触角各一对。

3) 胸部:隆起背部有很多毛,有翅一对常与身体呈一角度,翅狭长多毛,足三对,细而长。

4) 腹部:由 10 节组成,第 2~3 节背面的毛是竖立的,雄虫末端有钳状的外生殖器。

2. 中华白蛉长管亚种雄性外生殖器、雌性受精囊,咽甲解剖玻片标本(高倍镜观察,内容同实验项)。

3. 蒙古白蛉雄性外生殖器玻片标本(低倍镜观察) 抱握器第二节上巨毛为 4 根,两根位于顶端,两根位于近基部。

4. 蒙古白蛉雌性受精囊玻片标本(高倍镜观察)。

受精囊短小分四节,末端较胀大。

5. 蒙古白蛉咽甲玻片标本(高倍镜观察) 咽甲有楔形板,齿大,排列成块状。

6. 硕大白蛉雌性受精囊玻片标本 受精囊粗细均匀,分 14 节左右。

7. 硕大白蛉咽甲 咽甲前部有数排针尖状小刺,后部由点状小齿互相连接组成的数条横脊。

(五) 思考题

1. 白蛉和分类有关的形态特点有哪些？如何区别中华白蛉长管亚种、硕大白蛉及蒙古白蛉？

2. 白蛉生活史有哪些特点？生活习性怎样？

3. 白蛉传播什么疾病？在我国黑热病由哪几种白蛉传播？

4. 如何防制白蛉？为什么要以防制成虫为主？

实验二十三 蝇(fly)

(一) 提要

蝇是媒介昆虫中最常见的,传播疾病的范围也较广泛,其中包括消化道、呼吸道、神经系、眼及寄生虫性等传染病。蝇生活史包括卵、幼虫、蛹、成虫四期。幼虫俗称蛆,有的蝇蛆可引起蝇蛆病。幼虫孳生地类型很复杂,多因蝇种不同。蛹多在幼虫孳生地周围的泥土中。成虫口器大多为舐吸式,与其他媒介昆虫不同,食性为杂食性,足的爪垫能分泌黏液并具细毛,蝇有边呕吐、边吃、边排粪的习性。

(二) 要求

1. 认识蝇类生活史各期的一般形态特点及常见蝇类。

2. 了解蝇类形态结构与传播疾病之关系。

(三) 实验

1. 家蝇(用放大镜观察)

(1) 身体:分头、胸、腹三部,体灰黑色,中等大小。

(2) 头:复眼一对,很大,位于头的两侧,两个复眼的距离,可作为外形上区别雌、雄的主要依据(雌性复眼距离远,雄性距离近)。触角一对,位于头前,口器位于头前腹面。

(3) 胸部:胸部背面有四条黑色纵纹,有翅一对,翅上有纵行的翅脉,第四翅脉末端急向上弯,形成一角度,几乎与第三纵脉会合,腹面有足三对,足上生很多毛,足的末端有爪和爪垫各一对,爪垫上有无数细毛。

(4) 腹部:由 10 节组成(外观上仅可见 5 节),腹部背面无斑点,前半部为橘黄色,后半部灰黑色(图 3-4)。

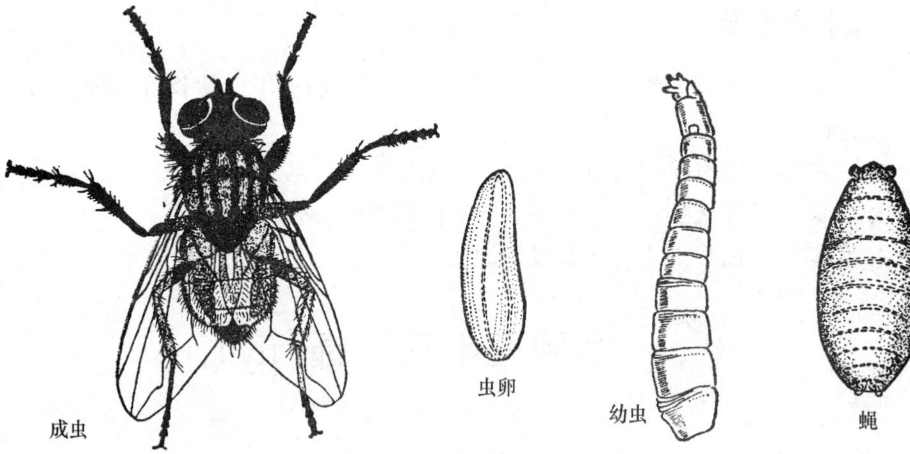

图 3-4　蝇的生活史

2. 绿蝇幼虫后气孔(低倍镜观察)　两气门距离较远,每个气门上有气门钮一个,气门环完整。每一气门上有三个较直的气门裂,各气门裂的一端都指向气门钮。

3. 家蝇后气孔　为"D"形。气门环厚而完整,有三个弯曲的气门裂,气门钮一个,位于气门环内(图 3-5)。

(四) 示教

1. 蝇的生活史(瓶装标本)

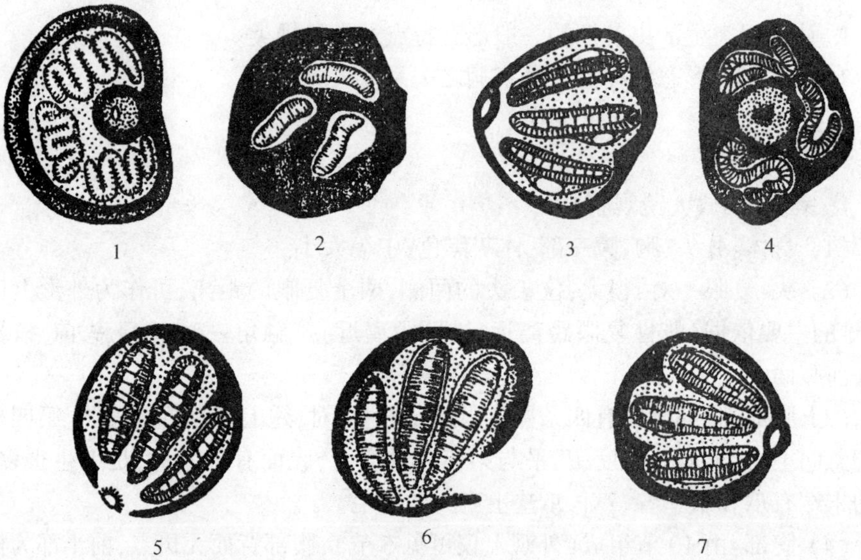

图 3-5　常见蝇的后气孔

1. 家蝇;2. 厩腐蝇;3. 银绿蝇;4. 厩螫蝇;5. 大头金蝇;6. 黑尾麻蝇;7. 阿丽蝇

(1) 卵:乳白色,短杆状,长约 1mm。

(2) 幼虫:乳白色,圆柱形,分多节,前端较细,头部有口钩,后端粗钝,除头外体由 13 节组成,可见后气门一对。

(3) 蛹:桶状,长椭圆形,棕褐色。

2. 国内常见的蝇类

(1) 厩腐蝇:较家蝇体大,灰黑色,胸部背面有四条黑色纵纹,内侧两条纵纹较外侧两条纵纹长,外侧两条中间断开,翅第四纵脉缓慢弯曲,在末端与第三纵脉距离较远。

(2) 麻蝇:灰黑色,大型蝇约 6~12mm,胸部背面有三条纵纹,腹部背面有闪光的黑灰白斑。

(3) 绿蝇:体中型大,5~10mm,呈黄绿色金属光泽。

(4) 丽蝇:蓝绿色大型蝇。身长 6~12mm,身上多毛。

3. 蝇类舐吸式口器玻片标本(低倍镜观察)　口器短而粗,末端唇旁有许多凹沟(假气管)组成。

4. 蝇类的爪,玻片标本(低倍镜观察)　足末端可见爪一对,中间有两个爪垫,爪垫上生有许多细毛。

5. 羊狂蝇第一期幼虫玻片标本。

(五) 思考题

1. 从蝇的形态特点及生活习性,说明它为什么能传播很多疾病?
2. 蝇类生活史和生活习性特点有哪些?
3. 蝇类生活习性与传病和防制有何关系?
4. 蝇类能传播哪些疾病?怎样传播的?
5. 防制蝇的具体措施有哪些?

附 1:几种常见蝇类的检索

1. 身体有金属光泽 ………………………………………… 2
　身体无金属光泽 ………………………………………… 5
　第四纵脉直走,体小,呈青黑色光泽,触须黑色 ………………… 黑花蝇
2. 第四纵脉弯曲 ………………………………………… 3
　身体黑色、大、多刚毛、仅腹部呈蓝黑光泽 ………………… 丽蝇属
3. 身体呈金黄或深绿光泽 ………………………………………… 4
4. 头大、颊黄、中胸背板中部无刚毛 ………………… 金蝇属
　头较小,颊部及副额带呈白色,背板上有刚毛 ………………… 绿蝇属
　中胸背板有黑纵纹三条,腹部有交错黑斑(胎生) ………………… 麻蝇属

5. 中胸背板有黑纵纹四条(或合并为两条) …………………………………… 6
6. 第四纵脉直,触角芒不分枝 ……………………………………………… 厕蝇属
   第四纵脉不如上述 ……………………………………………………………… 7
7. 第四纵脉弯成直角 ……………………………………………………………… 舍蝇
   第四纵脉中部微曲 ……………………………………………………………… 8
8. 触角芒两面分枝,为舐吸型口器,小盾板末端为灰褐色 ………………… 厩腐蝇
   触角芒仅一面分枝,为刺吸型口器 ……………………………………… 螫蝇属

附 2:常见蝇类幼虫检索(三龄幼虫)

1. 体扁形,体节二侧具树状突,后气门位于体末端突出 ……………………… 厕蝇属
   体呈长圆锥形
2. 后气门裂长而直,体末端背面具明显的突起 ………………………………… 3
   后气门裂长而弯曲或粗而短,体末端突起不显著 ………………………… 6
3. 气门环完整 ……………………………………………………………………… 4
   气门环有缺口 …………………………………………………………………… 5
4. 口钩间有指状小突起,后气门间距较远 ……………………………… 丽蝇属
   口钩间无指状小突起,后气门间距较近 ……………………………… 绿蝇属
5. 后气门位于凹陷的底部,气门裂细而长 ……………………………… 麻蝇属
   后气门略高于表面,气门裂较宽 ……………………………………… 金蝇属
6. 后气门圆形,气门裂微弯而粗短 ……………………………………… 腐蝇属
   后气门非圆形,气门裂呈蛇形弯曲 ……………………………………………… 7
7. 后气门呈“D”形,相距较近……………………………………………… 家蝇属
   后气门似三角形,相距较远 …………………………………………… 螫蝇属

实验二十四　蚤(flea)

(一) 提要

蚤体侧扁,头部呈三角形,足粗壮善跳。蚤的生活史包括卵、幼虫、蛹、成虫四期。成虫前胃有基丁质刺,与传病有关。成虫对温度较敏感,其耐饥力与种别有关。由于种别不同寄生宿主亦异。蚤在传播自然疫源性疾病上有一定意义。

(二) 要求

认识长须山蚤、致痒蚤、猫栉首蚤成虫的形态特点及蚤生活史各期。

(三) 实验

1. 长须山蚤成虫玻片标本　先用肉眼再用低倍镜观察。

有黑色眼，有前胸栉，无颊栉，中胸侧板有垂直线，雌性受精囊尾端细长，中部稍膨，头部长圆形(图 3-6)。

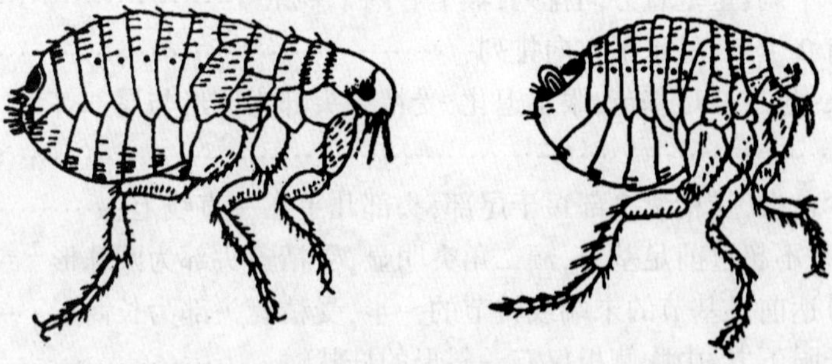

图 3-6　蚤

2. 致痒蚤成虫玻片标本　无前胸栉及颊栉，有眼下刚毛，中胸侧板上无垂直线，只有一斜线，雌性受精囊尾端细长，头部膨大如球形。受精囊呈"6"字形。

(四) 示教

1. 长须山蚤成虫玻片标本(低倍镜观察)　见实验内容。
2. 致痒蚤成虫玻片标本(低倍镜观察)　见实验内容。
3. 猫栉首蚤成虫玻片标本(低倍镜观察)　有颊栉及前胸栉。
4. 蚤生活史　卵、幼虫、蛹、成虫。

(五) 思考题

1. 常见蚤类和分类有关的形态特点有哪些？
2. 蚤类生活习性和传染病有什么关系？
3. 蚤类传播哪些疾病？是怎样传播的？
4. 蚤的何种形态结构有利于其对鼠疫的传播？为什么？
5. 什么叫动物源疾病？自然疫源疾病？

附：我国重要蚤种检索

1. 有栉 …………………………………………………… 2
　无栉 …………………………………………………… 7
2. 前胸栉和颊栉都有 ………………………………………… 3

只有前胸栉 …………………………………………………………………… 6

3. 有眼,颊栉超过五个 ………………………………………………………… 4

无眼,颊栉少于五个 ………………………………………………………… 5

4. 头尖而长,颊栉第一刺与第二刺等长 ……………………………… 猫栉首蚤

头钝而短,颊栉第一刺短于第二刺 ………………………………… 犬栉首蚤

5. 颊栉有 4 个刺,呈垂直方向排列,额上有两个棘宗 ……………… 缓慢细蚤

颊栉只有 2 个刺,呈水平方向排列 ………………………………… 二齿首蚤

6. 下唇须长,超过长足基节,眼不退化,受精囊头部为卵形与尾部等大 ……………………………………………………………………… 松江黄鼠蚤

眼中缺少色素,受精囊头部短于尾部,头部几乎在一直线上 ………… 长须山蚤

下唇须短,不超过前足基节,额二角突明显,受精囊头部为圆球形 … 具带病蚤

下唇须可达前足基节的末端或转节的一半,受精囊头部为长筒形 … 不等单蚤

7. 眼宗位于眼下方,中胸侧板仅有一斜形的杆状嵴 ………………………… 人蚤

眼宗位于眼前方,中胸侧板有二杆状嵴,一斜向前,一向上,二者呈"V"形…印鼠客蚤

实验二十五 虱(louse)和臭虫(bed bug)

(一) 提要

虱分体、头、阴虱三种,皆寄生于人体不同部位。形态上体虱与头虱相似,后者较黑,体小。阴虱似蟹状,活动较慢,各足节都很粗壮,胫节末端内方有指状突起,用其固定于毛发上。虱的生活史包括卵、若虫、成虫期。成虫可传播流行性斑疹伤寒、回归热、战壕热等疾病。

臭虫的生活史是半变态,分卵、若虫和成虫三个时期。成虫体扁宽,椭圆形,红褐色,翅退化。与医学有关的种类只有温带臭虫和热带臭虫两种。还未证实臭虫能传播何种疾病。

(二) 要求

了解虱成虫及卵的形态,臭虫成虫一般形态。

(三) 实验

人体虱成虫玻片标本(低倍镜观察)。

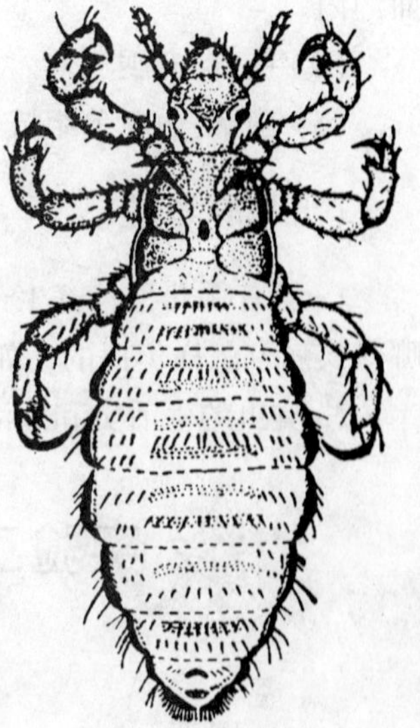

图 3-7　体虱

1. 人体虱背腹扁平，分头、胸、腹三部。

2. 头部　有触角一对，触角的后部有眼一对，口器在前端，平时缩在里面，不易观察，有时可见伸出的口前小钩（图 3-7）。

3. 胸部　无翅，有足三对，腿末端有发达的爪。

4. 腹部　分节（由 9 节组成，可明显地看到 7 节），腹部末端的形态是在外形上区别雌雄虱的主要依据之一，雌的末端呈“W”形，腹面可见一对生殖足；雄的末端呈“V”形，有时可看到突出的阴茎。

（四）示教

1. 人体虱若虫玻片标本（低倍镜观察）　体小，生殖器官未发育成熟。

2. 阴虱成虫玻片标本（低倍镜观察）　头部似人体虱，身体较体虱宽而短，腹部两侧有四对疣状突起，有腿三对，爪非常发达（图 3-8）。

3. 人体虱成虫玻片标本（低倍镜观察）　内容同实验项。

4. 人头虱成虫玻片标本（低倍镜观察）　形态和体虱相似，唯体较小。体色较深，呈深灰色，触角较粗短，腹部各节隆起明显。

5. 虱卵　粘在毛发上的卵，可看到卵内若虫。

6. 温带臭虫成虫玻片标本（低倍镜观察）（图 3-9）

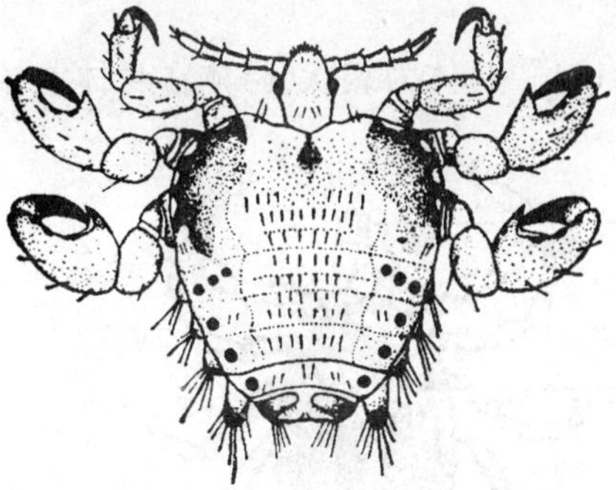

图 3-8　阴虱

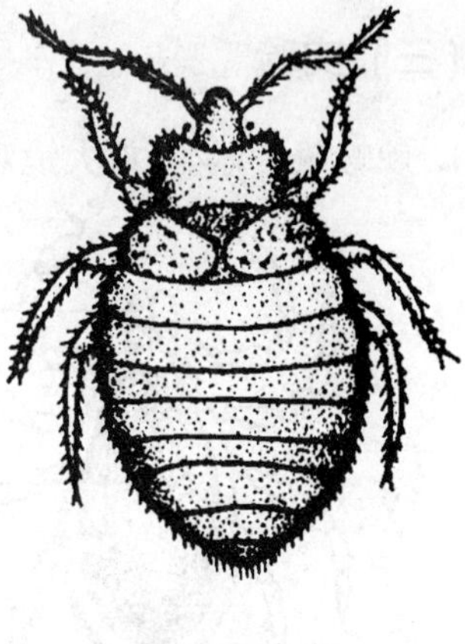

图 3-9　臭虫

（1）身体背、腹扁平，棕红色。

（2）分头、胸、腹三部分。

（3）头部：触角一对，复眼一对，喙为刺吸式位于头前，不用时曲折在头胸部腹面沟内。

(4) 胸部:有腿三对。

(5) 腹部:由 9 节组成,可明显看到 8 节。

(五) 思考题

1. 虱有哪几种? 寄生部位在哪儿? 生活习性和传染病有什么关系? 能传播哪些疾病? 怎样传播的? 如何防虱?

2. 臭虫的生活史和生活习性特点怎样? 危害性在哪儿? 如何防制?

实验二十六 蜱(tick)和螨(mite)

(一) 提要

蜱类包括硬蜱和软蜱,均营寄生生活,是很多病原体的传播媒介和保菌宿主,在自然疫源性疾病的流行上起重要作用。

螨类种类很多,主要是革螨、尘螨、疥螨、蠕形螨等,其中疥螨、蠕形螨是永久性寄生螨,寄生于宿主皮肤的表皮层和毛囊内,引起疥疮和毛囊炎。

(二) 要求

掌握硬蜱、软蜱的形态特点,认识革螨、尘螨、疥螨,蠕形螨成虫。

(三) 实验

1. 硬蜱瓶装标本(放大镜观察)(图 3-10) 身体为袋状,腭体在身体前端,由

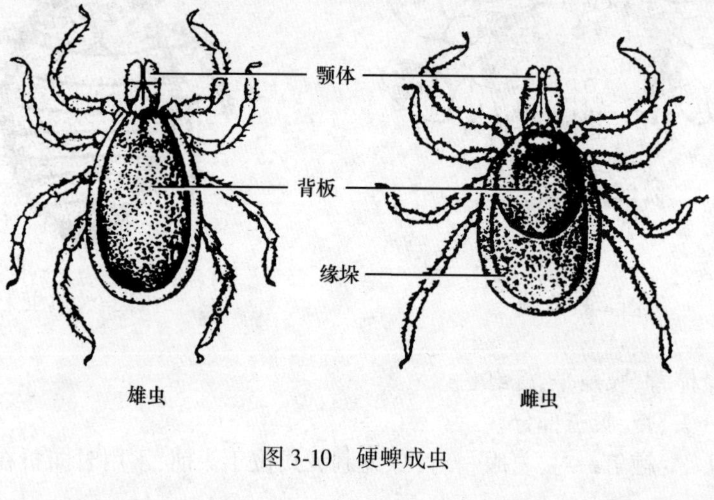

图 3-10 硬蜱成虫

背面可看到，腭体有触须，螯肢各一对，中央生有许多倒钩的棒状口下板。雄蜱的盾板（颜色较深）覆盖于整个虫体背面，雌蜱盾板小，仅覆盖虫体前部（盾板可区别雌、雄和种类）有四对腿。

2. 软蜱管装标本（放大镜观察）（图 3-11）　身体为袋状，腭体位于身体前端的腹面，所以从背面看不到，背部没有盾板。

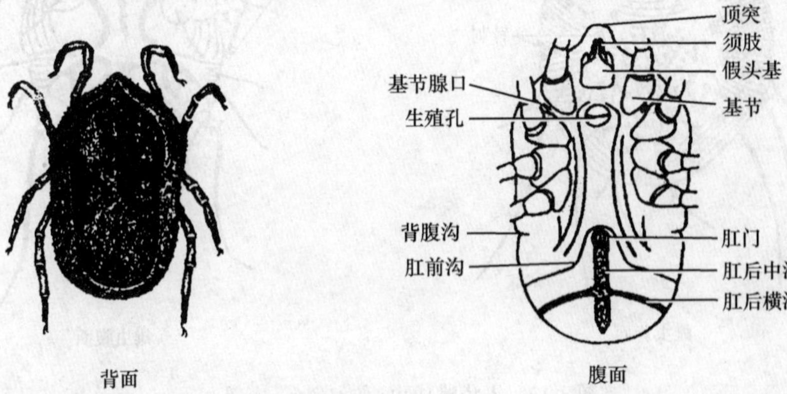

图 3-11　软蜱成虫

（四）示教

1. 蜱生活史瓶装大体标本

（1）卵：圆形。

（2）幼虫：很小，有腿三对。

（3）若虫：与成虫形态上区别不大，仅在大小有区别。

2. 乳突钝缘蜱（大体标本）　虫体暗灰色，椭圆形，前端突出，表皮有颗粒花纹，第一对足附节背缘呈微波状，肛后横沟与肛后中沟相交处几乎呈直角。

3. 波斯锐缘蜱（大体标本）　虫体灰褐色，体边缘较薄，形成锐利的边缘。体前部较窄，后部较宽，虫体呈椭圆形。

4. 硬蜱腭体玻片标本（低倍镜观察）　口器两旁有一对触须，中部背面有螯肢一对，腹面为口下板，可见有许多倒钩齿。

5. 疥螨成虫玻片标本（用低倍镜观察）（图 3-12）　身体为半透明的淡黄色，口器很短，有四对腿，前两对腿向前伸出，末端有吸盘，后两对腿的末端有一细长的刚毛，但雄虫第四对腿末端有一短柄，柄之末端有一吸盘。

6. 尘螨玻片标本（低倍镜观察）（图 3-13）　体长圆形，呈乳白色，表皮具细密的波状皮纹，背面盾板较窄长，躯体背面前端有长毛一对，腹面后端有长毛两对，腿末端呈吸盘状并有一个小爪。

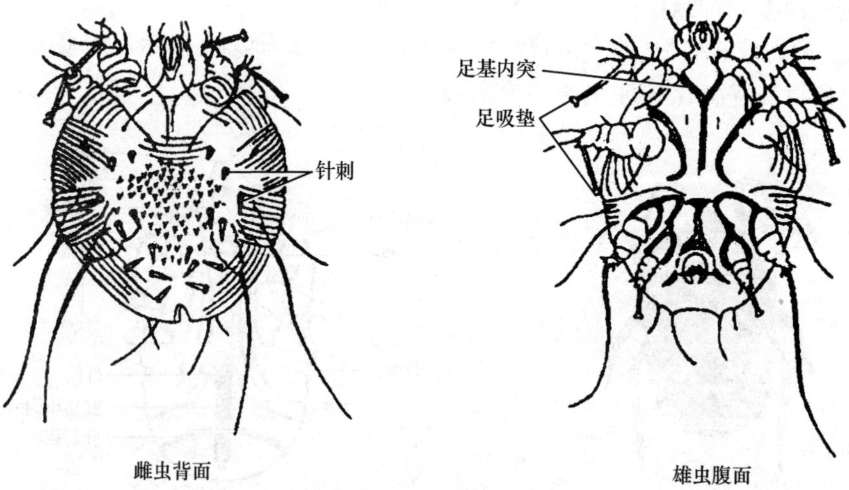

图 3-12 人疥螨成虫(仿 Georgescu 等)

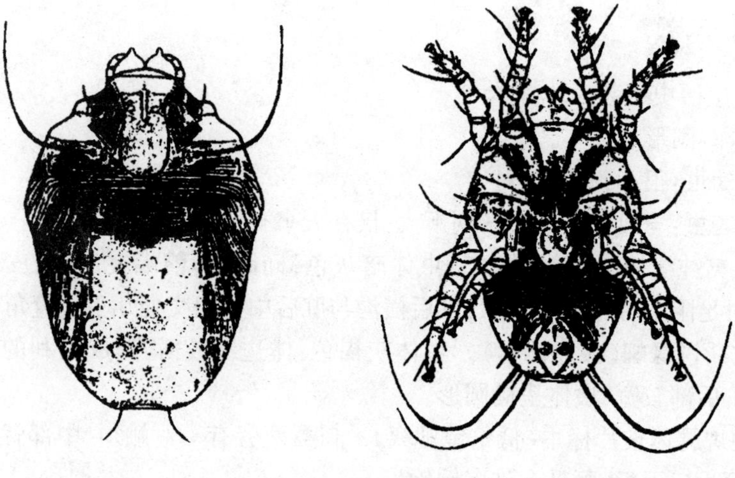

图 3-13 屋尘螨雄性成虫

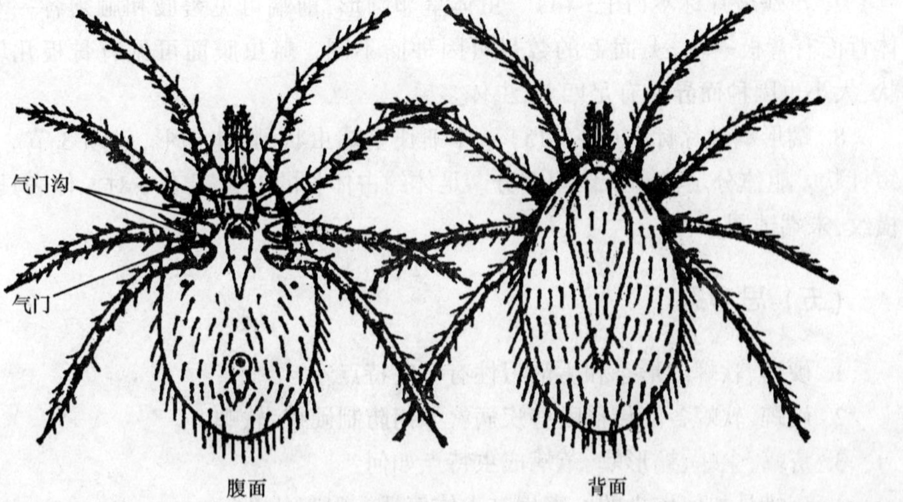

图 3-14　柏氏禽刺螨(仿 Service)

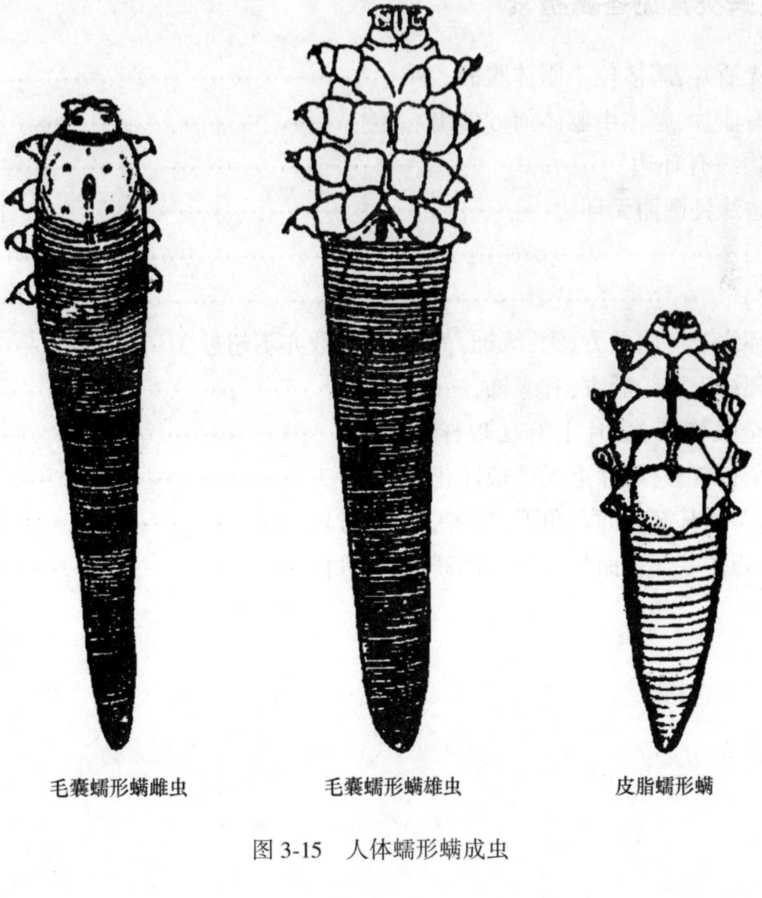

图 3-15　人体蠕形螨成虫

7. 革螨玻片标本(图 3-14) 虫体呈卵圆形,前端可见螯肢和触须各一对,躯体背面有背板一块,上面毛的数目可因种而不同。雌虫腹面可见有骨板几块,形状、大小也因种而异。有足四对,虫体多毛。

8. 蠕形螨玻片标本(图 3-15) 体细长呈蠕虫状,腭体梯形,触须 3 节。螯肢短针状。躯体分足体和末体两部分。足体约占体长的 1/3,足有 4 对。体表具环状横纹,末端钝圆。

(五) 思考题

1. 硬蜱、软蜱的形态和生活习性有哪些特点?
2. 硬蜱、软蜱各能传播哪些疾病? 如何防制硬蜱、软蜱?
3. 疥螨、尘螨、蠕形螨、革螨成虫特点如何?
4. 疥螨是如何传染的? 寄生在人体何处? 引起什么病?
5. 如何防制疥螨和蠕形螨?

附:蜱类常见各属检索

1. 背部无盾片,腭体位于躯体腹面 ………… 2
   背部有盾片,腭体由躯体前方伸出 ………… 3
2. 躯体边缘有环边 ………… 软蜱属
   躯体边缘钝圆而无环边 ………… 钝缘蜱属
3. 无肛门 ………… 牛蜱属
   有肛门 ………… 4
4. 肛沟环绕于肛门前方,无,缘饰,如果有,其数亦不超过 3 ………… 蜱属
   肛沟环绕于肛门后方,有缘饰,一般为 11 个 ………… 5
5. 腭体全长较长,盾片上有珐琅样花纹 ………… 花蜱属
   腭体全长较短,盾片上无珐琅样花纹 ………… 6
6. 有眼,腭体基部背面六角形,雄蜱腹面有骨板 ………… 扁头蜱属
   无眼,腭体基部背面长方形,雄蜱腹面无骨板 ………… 血蜱属

附:医学节肢动物图形检索(图 3-16)

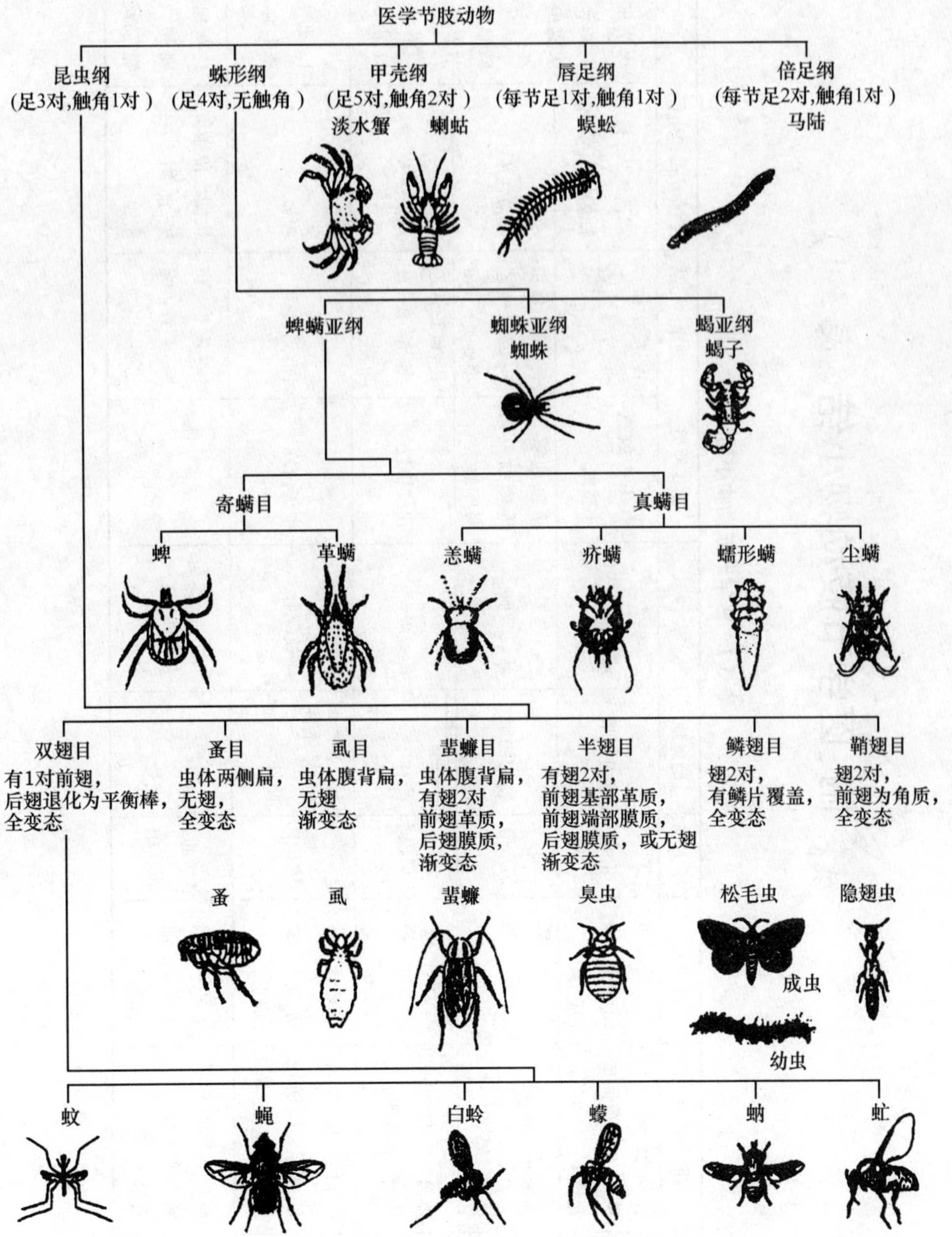

图 3-16　医学节肢动物图形检索

附：医学节肢动物小结（表 3-1）

表 3-1　医学节肢动物小结

虫种	形态特点	生活史	孳生地	栖息地	食性	重要种类	对健康的危害	传播方式和途径	防制
按蚊	体灰色，翅有白斑，体与停落面成角度	全变态（卵、幼虫）、蛹、（成虫）	清水	室内阴暗	雌蚊吸血	中华按蚊微小按蚊	传：疟疾流行性乙型脑炎马来丝虫	唾液注入、感染性蚴侵入皮肤	灭幼虫：1. 消灭孳生地 2. 药物处理 3. 生物防制 灭成虫：1. 物理方法 2. 药物：有机磷、氯、氨基甲酸酯、合成菊酯、生长调节素等。 防蚊：1. 用蚊帐 2. 涂避蚊油 3. 烟熏等
库蚊	淡褐色，翅透明，体与停落面平行	全变态（卵、幼虫）、蛹、（成虫）	污水等	室内阴暗	雌蚊吸血	淡色库蚊致倦库蚊三带喙库蚊	传：班氏丝虫病流行性乙型脑炎	唾液注入	
伊蚊	体黑色间有白斑，体与停落面平行	全变态（卵、幼虫）、蛹、（成虫）	小型积水	丛林中	雌蚊吸血	白纹伊蚊	传：流行性乙型脑炎登革热	唾液注入	
白蛉	体积较小，灰黄色，被毛，翅纺锤形，与体呈 45°角	全变态（卵、幼虫）、蛹、（成虫）	泥土中	室内外阴暗处	雌蚊吸血	中华白蛉	传：黑热病	吸血	1. 药物灭蛉 2. 消除孳生地
蝇	体暗灰色呈具金属光泽触角三节，有触角芒	全变态（卵、幼虫）、蛹、（成虫）	臭烂的有机物中	室内外阳光处	杂食性	金、舍、麻绿、蝇	传：痢疾、伤寒等致：蝇蛆病	机械性传播、污染食物幼虫寄生	1. 灭蝇的孳生地 2. 杀灭蝇蛆 3. 灭蛹 4. 灭蝇、防蝇

续表

虫种	形态特点	生活史	孳生地	栖息地	食性	重要种类	对健康的危害	传播方式和途径	防制
蚤	体左右扁平，触角于触角沟内，足粗壮且长	全变态（卵、幼虫）、蛹、（成虫）	泥土中	动物体及巢穴室内	雌雄都吸血	开皇客蚤长须山蚤	鼠疫、地方性斑疹伤寒	血液反流蚤粪污染伤口	药物灭蚤，消除孳生地
虱	体背腹扁平，口器分节，折向腹面，足末端呈抓握状	全变态（卵、幼虫）、蛹、（成虫）	不全变态（卵、若虫、成虫）		人毛发生内衣上	开皇客蚤长须山蚤	传：流行性斑疹伤寒回归热等	排粪或压碎污染皮肤	个人卫生、灭虱（热力及药物）
臭虫	体背腹扁平，口器分节，折向腹面	全变态（卵、幼虫）、蛹、（成虫）	室内各种缝隙中		人毛发生内衣上	热带臭虫温带臭虫	骚扰		防臭虫、灭臭虫
硬蜱	假头位于体前端，有盾片	卵、幼虫、若虫、成虫	野外（森林、草原）		雌雄幼虫若虫均吸血	全沟硬蜱	传：森林脑炎，蜱媒出血热等致：蜱瘫痪	唾液注入，经卵经变态传递毒素	个人降护、动物药俗、草原轮放
软蜱	假头位于腹面，无盾片	卵、幼虫、若虫、成虫	洞穴及室内墙缝		雌雄幼虫若虫均吸血	乳突钝缘蜱	传：蜱性回归热等	唾液注入、基节液污染皮肤、经卵经变态传递	个人降护、动物药俗、草原轮放
恙螨	幼虫甚小，体表有羽状毛，假头后有盾片	卵、幼虫、若虫、成虫	草丛中幼虫寄生于鼠等		幼虫吸吮宿主体液	地里恙螨	传：恙虫病	唾液注入，经卵传递	灭鼠、环境卫生、药物灭螨、个人及集体防护

续表

虫种	形态特点	生活史	孳生地	栖息地	食性	重要种类	对健康的危害	传播方式和途径	防制
疥螨	体小,足末端有吸盘或长鬃	卵、幼虫、若虫、成虫	寄生于表皮角质层		啮食角质层	人疥螨	致:疥疮	本身为寄生虫	治疗患者及家畜、个人卫生
革螨	气门沟长,胸叉,雌螨腹面有多块骨板	卵、幼虫、若虫、成虫	寄生于表皮角质层		啮食角质层	血厉螨	传:立克次体病等	唾液注入,经卵经变态传递	个人防护、灭螨、灭鼠
尘螨	有皮纹,躯体前刚毛一对后二对	卵、幼虫、若虫、成虫	尘埃中:室尘、粉尘、棉尘		食皮屑、面粉、真菌	粉尘螨、屋尘螨	尘螨性哮喘过敏性皮炎、鼻炎	致敏原	除尘、勤晒勤洗衣物
蠕形螨	细长呈蠕虫状,足较短位于躯体前部	卵、幼虫、若虫、成虫	寄生于毛囊、皮脂腺		食组织细胞	毛囊蠕表螨皮脂蠕形螨	与痤疮、酒糟鼻等有关	直接或间接接触	治疗患者、个人卫生

总 复 习

1. 寄生虫与宿主的相互关系的主要表现有哪些方面？
2. 寄生虫的致病作用的主要表现有哪些？
3. 寄生虫整个生活史过程包括哪些内容？
4. 可作为寄生虫的营养物质可分为哪几类？
5. 寄生虫逃避宿主免疫的机制有哪些？
6. 引起寄生虫慢性感染的原因有哪些？
7. 多种寄生虫同时寄生在宿主体内，它们之间可产生哪些影响？
8. 引起继发性免疫缺陷的机制有哪些？
9. 寄生虫的病原学诊断有何优缺点？
10. 检测循环抗原有何意义？
11. 什么叫寄生虫病的传染源？
12. 寄生虫病的传播途径与感染途径有何区别？包括哪些内容？
13. 影响寄生虫病的流行因素有哪些？
14. 我国防治寄生虫病的指导方针是什么？
15. 什么叫自然疫源地？了解自然疫源地有何实际意义？
16. 专性寄生与偶然寄生有何区别？
17. 寄生生活对寄生虫生理的影响有哪些？
18. 寄生虫感染细胞因子检测可应用于哪些方面？
19. 寄生虫感染时，血中嗜酸粒细胞增加，IgE 水平升高的原因是什么？
20. 什么叫免疫逃避？产生免疫逃避的机制有哪些？
21. 寄生虫感染引起的变态反应有哪些类型？临床表现有哪些？举例说明。
22. 什么叫 ADCC 效应？举例说明 ADCC 效应在寄生虫感染中的效应机制？
23. 哪些寄生虫的生活史中需要中间宿主？
24. 哪些寄生虫有保虫宿主？
25. 哪些寄生虫是经口感染的？
26. 哪些寄生虫是经肤感染的？
27. 哪些寄生虫是由昆虫传播的？
28. 哪些寄生虫感染可引起肺部症状？
29. 哪些寄生虫感染可引起脑部症状？
30. 哪些寄生虫感染可引起肝脏损伤？

31. 哪些寄生虫感染可引起脾肿大？
32. 哪些寄生虫感染可引起贫血？
33. 做好粪便管理工作有助于消灭哪些寄生虫病？
34. 饮用生水可能感染哪些寄生虫？
35. 除四害有助于消灭哪些疾病？
36. 为什么有些寄生虫病有地区性,有些则分布非常广泛？
37. 常用寄生虫病原学实验诊断方法有哪些？
38. 常用寄生虫病的免疫学诊断方法有哪些？
39. 医学昆虫如何危害人类健康？
40. 寄生生活对寄生虫的形态构造和生理功能有何影响？并举例说明之。

第三部分　寄生虫病实验诊断技术

第四章 病原学诊断技术

一、粪便检查

粪便检查是诊断寄生虫病的基本方法。为了取得准确的结果，送检标本需保持新鲜，保存时间一般不宜超过24小时。如检查肠内原虫滋养体，最好立即检查，或暂时保存在35~37℃条件下待查。盛粪便的容器要干净，粪便中不可混入尿液和其他污染物，以免影响检查结果。具体方法如下：

（一）直接涂片法(direct smear method)

用以检查蠕虫卵、原虫的包囊和滋养体。方法简便，连续作3次涂片，可以提高检出率。

1. 蠕虫卵检查　滴1滴生理盐水于洁净的载玻片上，用牙签挑取绿豆大小的粪便块，在生理盐水中涂抹均匀；涂片的厚度以透过玻片约可辨认书上的字迹为宜。一般在低倍镜下检查，如用高倍镜观察，需加盖片。应注意虫卵与粪便中异物的鉴别。虫卵都具有一定形状和大小，卵壳大多表面光滑整齐，具固有的色泽，卵内含卵细胞或幼虫。

2. 原虫检查

(1) 滋养体检查：涂片应较薄，方法同查蠕虫卵。气温愈接近体温，滋养体的活动愈明显。必要时可用保温台保持温度。

(2) 包囊的碘液染色检查：直接涂片方法同上，以1滴碘液代替生理盐水，粪便涂抹方法同上。若同时需检查活滋养体，可在玻片另一侧滴1滴生理盐水。同上法涂抹粪便标本，再盖上盖片。片中滴碘液的一侧查包囊；另一侧查活滋养体。

碘液配方：碘化钾4g，碘2g，蒸馏水100ml。

（二）厚涂片透明法（改良加藤法）(modified Kato's thick smear)

取约50mg(已用100目不锈钢筛除去粪渣)粪便，置于载玻片上，覆以浸透甘油-孔雀绿溶液的玻璃纸片，轻压，使粪便铺开(20mm×25mm)。置于30~36℃温箱中约半小时或25℃约1小时。待粪膜稍干，即可镜检。

玻璃纸准备　将玻璃纸剪成22mm×30mm大小的小片，浸于甘油孔雀绿溶液(含纯甘油100ml、水100ml和1ml 3%孔雀绿水溶液)中至少浸泡24小时，至玻璃纸呈现绿色。

使用此法需掌握粪膜的合适厚度和透明的时间，如粪膜厚且透明时间短，虫卵难以发现；如透明时间过长则虫卵变形，不易辨认。

（三）浓聚法（concentration method）

1. 沉淀法（sedimentation method）　原虫包囊和蠕虫卵的比重大可沉积于水底，有助于提高检出率。但比重较小的钩虫卵和某些原虫包囊则效果较差。

（1）重力沉淀法：即自然沉淀法。本法主要用于蠕虫卵检查，蠕虫卵比重大于水，可沉于水底，使虫卵浓集。经水洗后，视野清晰，易于检查。

取粪便 20～30g、加水制成混悬液，用金属筛（40～60 孔）或 2～3 层湿纱布过滤，再加清水冲洗残渣；过滤后的粪液在容器中静置 25 分钟，倒去上层液，重新加满清水，以后每隔 15～20 分钟换水 1 次（共 3～4 次），直至上层液清晰为止。最后倒去上层液，取沉渣作涂片镜检。如检查包囊，换水间隔时间宜延长至约 6 小时（图 4-1）。

（2）离心沉淀法（centrifuge sedimentation）：将上述滤去粗渣的粪液离心（1500～2000r/min）1～2 分钟，倒去上层液，注入清水，再离心沉淀，如此反复沉淀 3～4 次，直至上层液澄清为止，最后倒去上层液，取沉渣镜检。本法省时、省力，适用于临床检验。

（3）汞碘醛离心沉淀法（merthiolate-iodine-formaldehyde centrifugation sedimentation method，MIFC）：本法既可浓集，又可固定和染色，适用于原虫包囊、滋养体及蠕虫卵和幼虫的检查。如准确称取 1g 粪便，即可作蠕虫卵的定量检查。

取粪便 1g，加适量（约 10ml）汞碘醛液，充分调匀，用 2 层脱脂纱布过滤，再加入乙醚 4ml，摇 2 分钟，离心（2000r/min）1～2 分钟，即分成乙醚、粪渣、汞碘醛及沉淀物 4 层。吸弃上面 3 层，取沉渣镜检。

汞碘醛配制：

1）汞醛（MF）液：1/1000 硫柳汞酊 200ml，40% 甲醛溶液 25ml，甘油 50ml，蒸馏水 200ml。

2）卢戈液：碘 5g，碘化钾 l0g，蒸馏水 100ml。

检查时取汞醛液 2. 35ml 及 5% 卢戈液 0. 15ml 混合备用。但混合液保存 8 小时后即变质，不宜再用；碘液亦不宜于 1 周后再用。

（4）醛醚沉淀法（formalin-ether sedimentation）：取粪便 1～2g 置于小容器内，加水 10～20ml 调匀，将粪便混悬液经 2 层纱布（或 100 目金属筛网）过滤，离心（200r/min）2 分钟；倒去上层粪液，保留沉渣，加水 10ml 混匀，离心 2 分钟；倒去上层液，加 10% 甲醛溶液 7ml。5 分钟后加乙醚 3ml，塞紧管口并充分摇匀，取下管口塞，离心 2 分钟；即可见管内自上而下分为 4 层。取管底沉渣涂片镜检。

本法不仅浓集效果好，而且不损伤包囊和虫卵的形态，易于观察和鉴定。对于

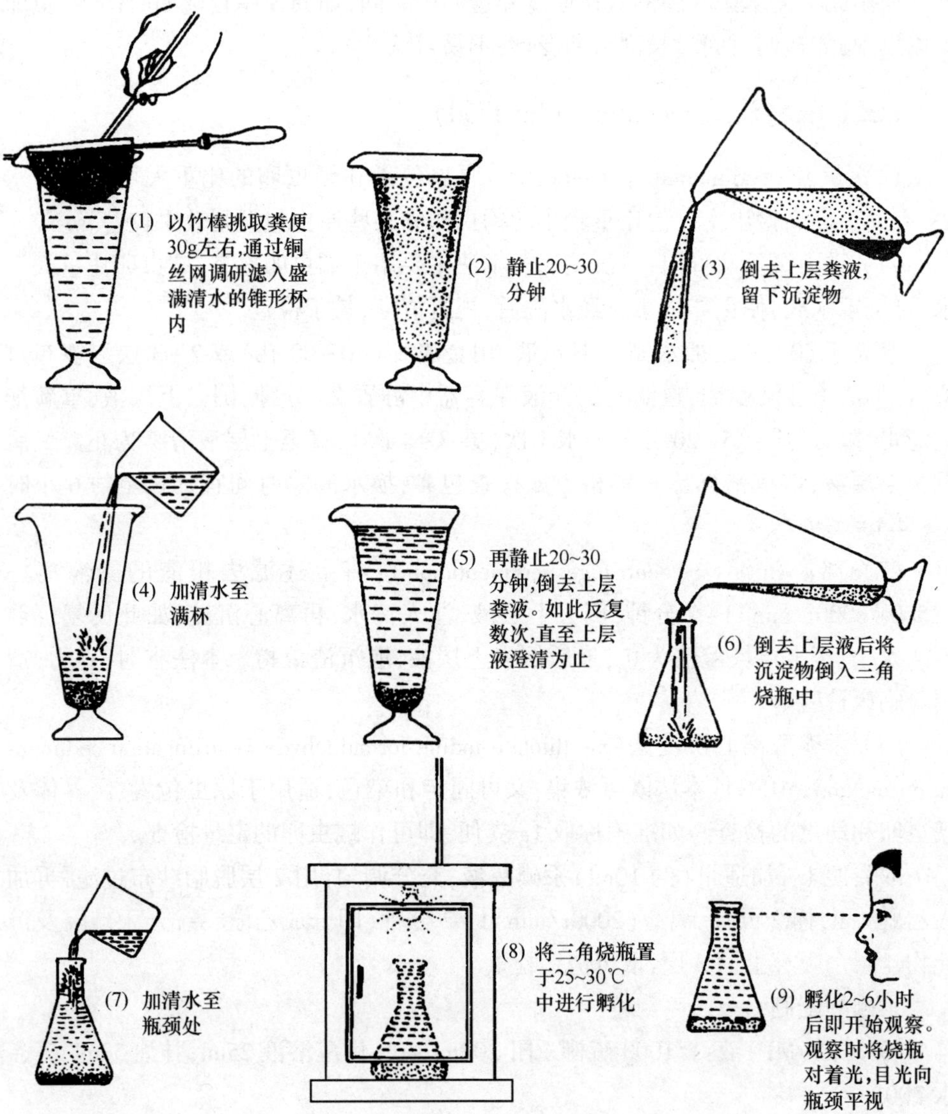

图 4-1　粪便自然沉淀及毛蚴孵化法

含脂肪较多的粪便,本法效果优于硫酸锌浮聚法。但对布氏嗜碘阿米巴包囊、蓝氏贾第虫包囊及微小膜壳绦虫卵等的检查效果较差。

2. 浮聚法(notation method)　利用比重较大的液体,使原虫包囊或蠕虫卵上浮,集中于液体表面。常用的方法有:

(1) 饱和盐水浮聚法(brine flotation):此法用以检查钩虫卵效果最好,也可用于检查其他线虫卵和微小膜壳绦虫卵。但不适于检查吸虫卵和原虫包囊。用竹签取黄豆粒大小的粪便置于浮聚瓶(高 3. 5cm,直径约 2cm 的圆形直筒瓶)中,加入少量饱和盐水调匀,再慢慢加入饱和盐水至液面略高于瓶口,以不溢出为止。此时在瓶口覆盖一载玻片,静置 15 分钟后,将载玻片提起并迅速翻转,镜检(图 4-2)。

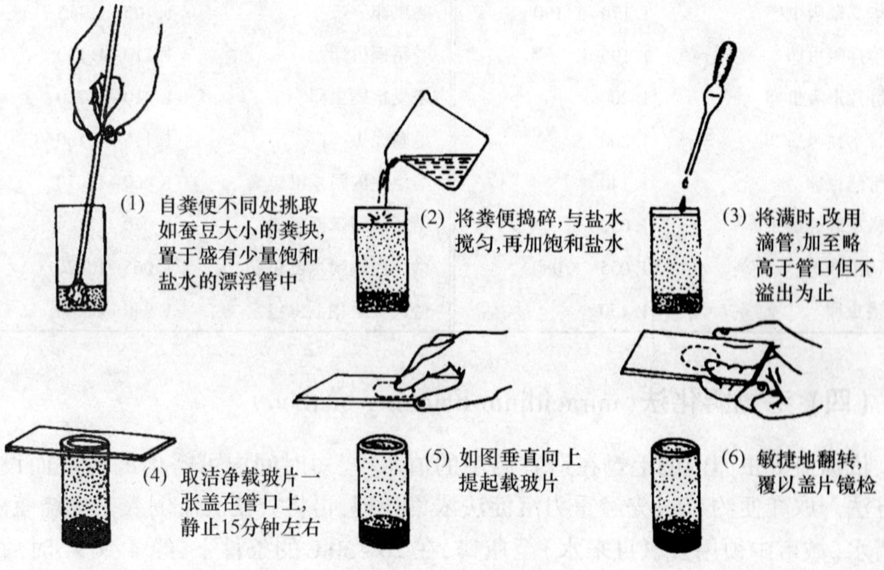

图 4-2 饱和盐水浮聚法

饱和盐水配制:将食盐徐徐加入盛有沸水的容器内,不断搅动,直至食盐不再溶解为止。

(2) 硫酸锌离心浮聚法(zinc sulfate centrifuge flotation):此法适用于检查原虫包囊、球虫卵囊、线虫卵和微小膜壳绦虫卵。取粪便约 1g,加 10~15 倍的水,充分搅碎,按离心沉淀法过滤,反复离心 3~4 次,至水清为止,最后倒去上清液,在沉渣中加入比重为 1. 18 的硫酸锌液(33%的溶液),调匀后再加硫酸锌溶液至距管口约 1cm 处,离心 1 分钟。用金属环粘取表面的粪液置于载玻片上,加碘液 1 滴(查包囊),镜检。取标本时,用金属环轻轻接触液面即可,切勿搅动。离心后应立即取标本镜检,若放置时间超过 1 小时,会因包囊或虫卵变形而影响观察效果。

(3) 蔗糖溶液离心浮聚法(flotation method with sucrose solution):此法适用于检查粪便中隐孢子虫的卵囊。取粪便约 5g,加水 15~20ml,以 260 目尼龙袋或 4 层纱布过滤。取滤液离心 5~10 分钟,吸弃上清液,加蔗糖溶液(蔗糖 500g,蒸馏水 320ml,苯酚 6. 5ml)再离心,然后如同饱和盐水浮聚法,取其表面液镜检(高倍或油镜)。卵囊透明无色,囊壁光滑,内含一小暗点和呈蛋黄色的子孢子。隐孢子虫的卵囊在漂浮液中浮力较大,常紧贴于盖片之下,鉴于 1 小时后卵囊脱水变形不易辨认,故应立即镜检。也可用饱和硫酸锌溶液或饱和盐水替代蔗糖溶液。

常见蠕虫卵、原虫包囊的比重见表 4-1。

表 4-1 蠕虫卵、原虫包囊的比重

虫卵或包囊	比重	虫卵或包囊	比重
华支睾吸虫卵	1.170~1.190	蛲虫卵	1.105~1.115
姜片吸虫卵	1.190	受精蛔虫卵	1.110~1.130
肝片形吸虫卵	1.200	未受精蛔虫卵	1.210~1.230
日本血吸虫卵	1.200	毛圆线虫卵	1.115~1.130
带绦虫卵	1.140	溶组织内阿米巴包囊	1.060~1.070
微小膜壳绦虫卵	1.050	结肠内阿米巴包囊	1.070
钩虫卵	1.055~1.080	微小内蜒阿米巴包囊	1.065~1.070
鞭虫卵	1.150	蓝氏贾第鞭毛虫包囊	1.040~1.060

（四）毛蚴孵化法（miracidium hatching method）

依据血吸虫卵内的毛蚴在适宜温度的清水中，短时间内可孵出的特性而设计的方法。取粪便约 30g，先经重力沉淀法浓集处理，再将粪便沉渣倒入三角烧瓶内，加清水（城市中须用去氯自来水）至瓶口，在 20~30℃ 的条件下，经 4~6 小时后用肉眼或放大镜观察结果。如见水面下有白色点状物作直线来往游动，即是毛蚴。必要时也可以用吸管将毛蚴吸出镜检。如无毛蚴，每隔 4~6 小时（24 小时内）观察 1 次。气温高时，毛蚴可在短时间内孵出，因此在夏季要用 1.2% 食盐水或冰水冲洗粪便，最后 1 次才改用室温清水。

毛蚴促孵法：将用沉淀法处理后的粪便沉渣置于三角瓶内，不加水，或将粪便置于吸水纸上，再放在 20~30℃ 温箱中过夜。检查前再加清水，2 小时后就可见到孵出的毛蚴。采用此法，毛蚴孵出时间较一致，数量也较多（图 4-1）。

（五）肛门拭子法（anal swab）

适用于检查肛周产卵的蛲虫或常可在肛门附近发现的带绦虫卵。

1. 棉签拭子法　先将棉签浸泡在生理盐水中，取出时挤去过多的盐水，在肛门周围擦拭，随后将棉签放入盛有饱和盐水的试管中，用力搅动，迅速提起棉签，在试管内壁挤干水分后弃去，再加饱和盐水至管口处，覆盖一载玻片，务使其接触液面，5 分钟后取下载玻片镜检。也可将擦拭肛门的棉签放在盛清水的试管中，经充分浸泡，取出，在试管内壁挤去水分后弃去。试管静置 10 分钟，或经离心后倒去上层液，取沉渣镜检。

2. 透明胶纸法（cellophane tape）　用长约 6cm，宽约 2cm 的透明胶纸有胶面，粘贴肛门周围的皮肤，然后将有胶的一面平贴在玻片上，镜检（图 4-3）。

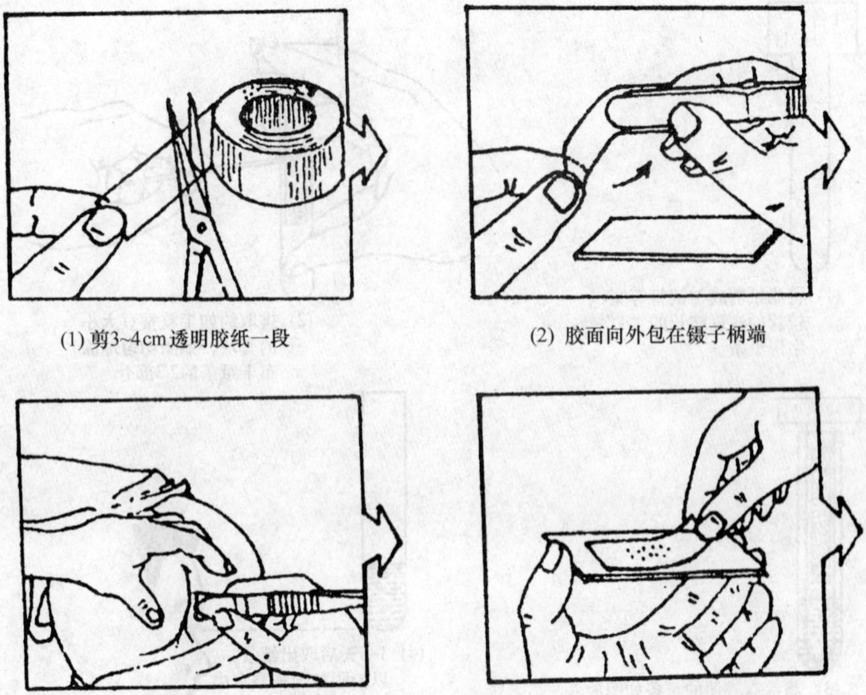

(1) 剪3~4cm透明胶纸一段　(2) 胶面向外包在镊子柄端

(3) 在肛门周围皱襞处粘贴数次　(4) 胶面向下贴在载玻片上

图 4-3　透明胶纸法

(六) 钩蚴培养法(cultur method for hookworm larvae)

根据钩虫卵内幼虫在适宜条件下可在短时间内孵出的原理而设计的方法。加冷开水约 1ml 于洁净试管内(1cm×10cm),将滤纸剪成与试管等宽但较试管稍长的“T”形纸条,用铅笔书写受检者姓名或编号于横条部分。取粪便约 0.2~0.4g,均匀涂抹在纸条竖部的上 2/3 处,再将纸条插入试管,下端浸泡在水中,以粪便不接触水面为度。在 20~30℃条件下培养。培养期间每天沿管壁补充冷开水,以保持水面高度。3 天后用肉眼或放大镜检查试管底部。钩蚴在水中常作蛇行游动,虫体透明。如未发现钩蚴,应继续培养观察至第 5 天。气温太低时可将培养管放入温水(30℃左右)中数分钟后,再行检查(图 4-4)。

此法亦可用于分离人体肠道内各种阿米巴滋养体及人毛滴虫滋养体,且能提高检出率。但每管粪便量应为 1.0g,适宜温度为 25~30℃,培养时间为 2~4 天。临床上为了及时报告致病原虫,可于培养 48 小时后镜检。

(七) 虫卵计数法(egg count)

虫卵计数可用于估计人体内寄生虫的感染度,常用司徒尔(Stoll)法,即司氏稀

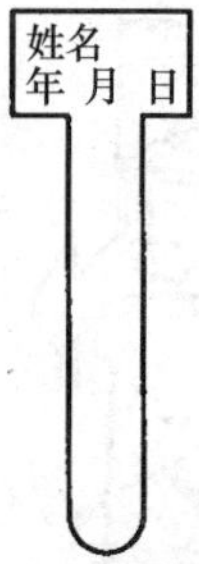

(1) 将滤纸剪成与试管等宽、较管的高度略长的“T”字形纸条

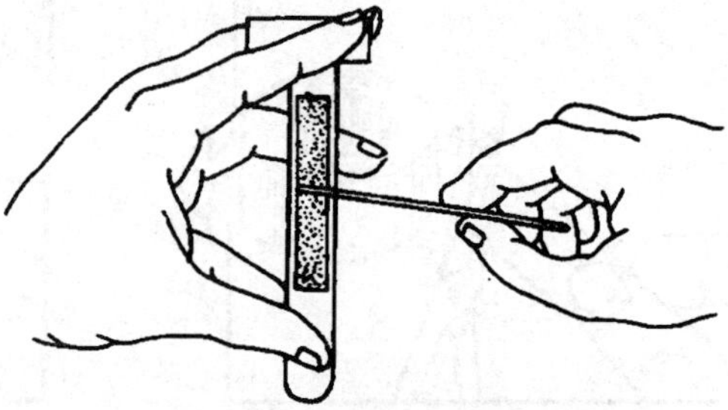

(2) 挑取约如半粒蚕豆大小的粪块，如图均匀地涂布于纸条的2/3部分

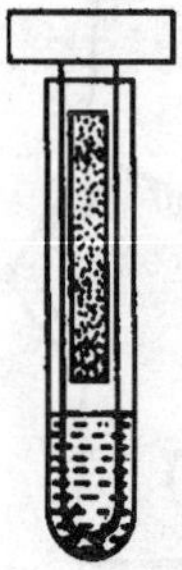

(3) 将涂有粪便的纸条如图放入盛有约10ml清水的试管中，置温箱(25~30℃)中进行培养

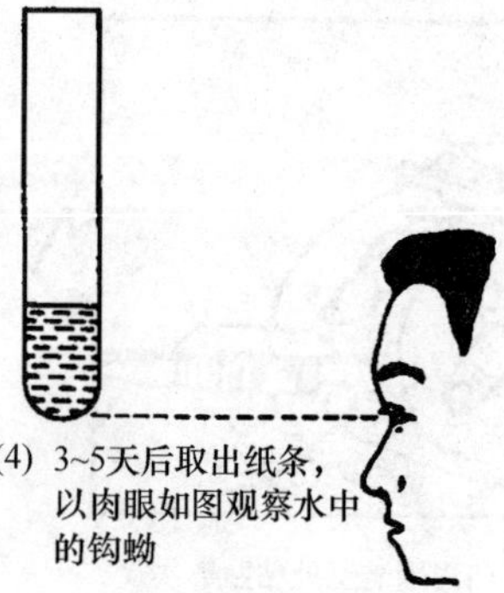

(4) 3~5天后取出纸条，以肉眼如图观察水中的钩蚴

图 4-4 钩蚴培养法

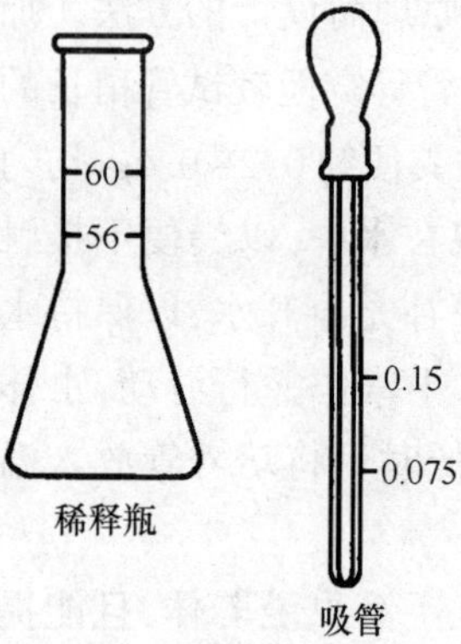

图 4-5 司氏虫卵计数法

释虫卵计数法(图 4-5)。

用特制的三角烧瓶(或普通三角烧瓶)，容量为65ml左右，在烧瓶的颈部相当于56和60ml处有两个刻度。先把0.1ml/L NaOH溶液倒入瓶内至56ml处，再慢慢地加入粪便，到液面上升到60ml处，然后放进玻璃珠10余颗，用橡胶塞塞紧瓶口，充分摇动，使其成为十分均匀的混悬液。

计数时充分摇匀，用有刻度的小吸管吸取0.075或0.15ml粪液置于载玻片上，加盖片，在低倍镜下计数全片的虫卵数，乘以200(取样0.075ml)或100(取样0.15ml)即得每克粪便虫卵数。由于粪便的性状对估算结果有明显的影响，因此不成形粪便中的虫卵数应再乘粪便性状系数，即半成形粪便×1.5，软湿状粪便×2，粥状粪便×3，水泻粪便×4。

$$\text{雌虫数}=\frac{\text{每克粪便含卵数}\times 24\text{ 小时粪便克数}}{\text{已知雌虫数每天排卵总数}}$$

$$\text{成虫总数}=\text{雌虫总数}\times 2$$

（八）定量透明法

适用于各种粪便内蠕虫卵的检查及计数。此法系应用改良聚苯乙烯作定量板(图 4-6)，大小为 40mm×30mm×1.37mm，模孔为一长圆孔，大小为 8mm×4mm，两端呈半圆形，所取的粪样平均为 41.7mg。操作时将大小约 4cm×4cm 的 100 目尼龙网或金属筛网覆盖在粪便标本上，自筛网上用刮片刮取粪便，置定量板与载玻片上，用两指压住定量板的两端，将刮片上的粪便填满模孔，刮去多余粪便。掀起定量板，载玻片上留下一长形粪条，然后在粪条上覆盖含甘油-孔雀绿溶液的玻璃纸条，展平后加压，使玻璃纸下的粪便铺成长椭圆形。经 1~2 小时透明后置镜下计数。将所得虫卵数×24，再乘上述粪便性状系数，即为每克粪便虫卵数(eggs per gram，EPG)。

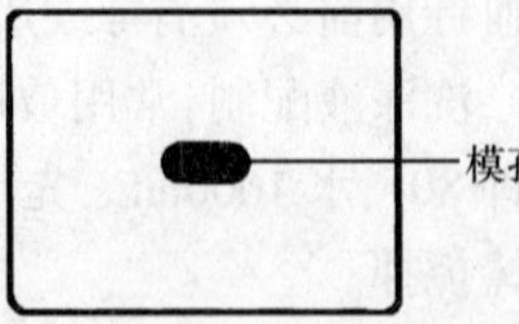

图 4-6　定量板

（九）淘虫检查法

为了考核驱虫效果，常需从粪便中淘取驱除的虫体进行鉴定与计数。取患者服药后 24~72 小时的全部粪便，加水搅拌，用筛(40 目)或纱布滤出粪渣，经水反复冲洗后，倒在盛有清水的大型玻皿内。检查混杂在粪渣中的虫体时，应在玻皿下衬以黑纸。

（十）带绦虫孕节检查法

绦虫节片用清水洗净，置于两张玻片之间，轻轻压平，对光观察内部结构，并根据子宫分支情况鉴定虫种。也可用注射器从孕节后端正中部插入子宫内徐徐注射碳素墨水或卡红，待子宫分支显现后计数。

卡红染液配制：钾明矾饱和液 100ml，卡红 3g，冰醋酸 10ml。混合液置于 37℃ 温箱内过夜，过滤后即可应用。

各种蠕虫每条雌虫每日排卵数见表 4-2。

表 4-2　各种蠕虫每条雌虫每日排卵数

虫名	产卵数/日/条(平均数)	虫名	产卵数/日/条(平均数)
华支睾吸虫	1600~4000(2400)	牛带绦虫	97 000~124 000/孕节
姜片虫	15 000~48 000(25 000)	十二指钩虫	10 000~30 000(24 000)
卫氏并殖吸虫	10 000~20 000	美洲钩虫	5000~10 000(9000)
日本血吸虫	1000~3500	蛔虫	234 000~245 000(240 000)
猪带绦虫	30 000~50 000/孕节	鞭虫	1000~7000(2000)

二、血液检查

血液检查是诊断疟疾、丝虫病的基本方法。涂制血膜用的载玻片用前需经洗涤液处理，再用自来水或蒸馏水冲洗，在95%乙醇溶液中浸泡，擦干或烤干后使用。采血针用前必须消毒或用一次性针头，1人1针以免交叉感染。

洗涤液配制：常用玻璃器皿的洗涤液为铬酸洗液，含工业浓硫酸100ml、重铬酸钾80g、水1000ml。先用冷水将重铬酸钾溶化，然后徐徐加入浓硫酸，同时用玻璃棒搅拌。

（一）检查疟原虫

1. 采血与涂片　用75%乙醇溶液棉球消毒耳垂，待干后用左手拇指与食指捏着耳垂下方，并使耳垂下侧方皮肤崩紧，右手持取血针、刺破皮肤，挤出血滴。薄、厚血膜可涂制在同一张玻片上(图4-7)。间日疟原虫宜在发作后数小时采血；恶性疟在发作初期采血可见大量环状体，1周后可见配子体。

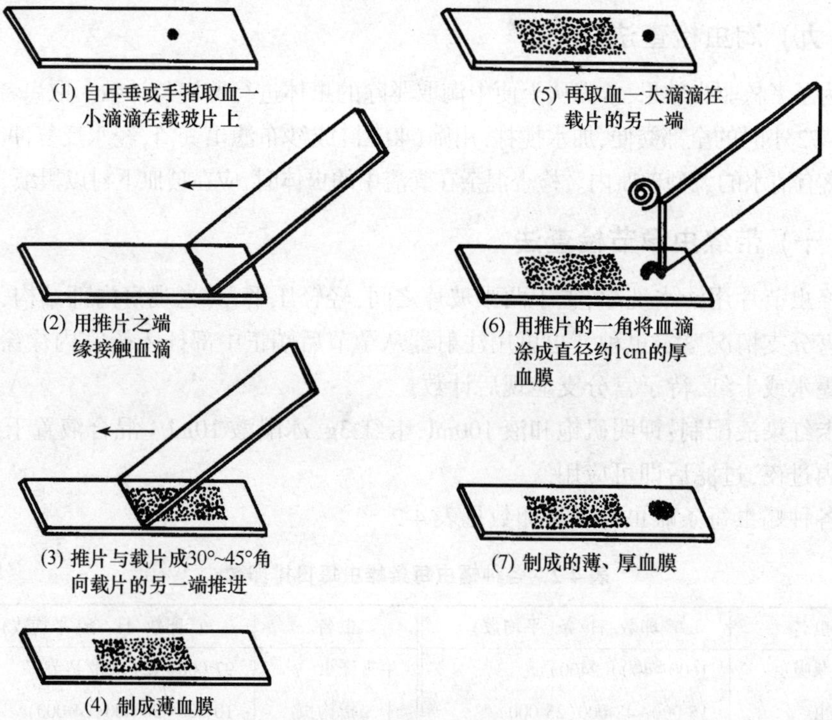

图4-7　薄、厚血膜制作步骤

（1）薄血膜的制作：在载玻片 1/3 与 2/3 交界处蘸血 1 小滴，以一端缘光滑的载片为推片，将推片的一端置于血滴之前，待血液沿推片端缘扩散后，自右向左推成薄血膜。操作时两载片间的角度为 30°～45°，推动速度应适宜，不宜太快或太慢。理想的薄血膜，应是一层均匀分布的血细胞，血细胞间无空隙且血膜末端呈扫帚状。

（2）厚血膜的制作：于载玻片的另一端 1/3 处蘸血 1 小滴（约 $10mm^3$），以推片的一角，将血滴自内向外作螺旋形摊开，使之成为直径约 0.8～1cm，厚薄均匀的厚血膜。厚血膜为多层血细胞的重叠，约等于 20 倍薄血膜的厚度。

2. 固定与染色　血片必须充分晾干，否则染色时容易脱落。用小玻棒蘸甲醇或无水酒精在薄血膜上轻轻抹过以固定血膜。如薄、厚血膜在同一玻片上，切勿将固定液带到厚血膜上，因厚血膜固定之前必须进行溶血。可用滴管滴水于厚血膜上，待血膜呈灰白色时，将水倒去，晾干。在稀释各种染液和冲洗血膜时，如用缓冲液则染色效果更佳。缓冲液的配置如下：

（1）磷酸氢二钠液：无水磷酸氢二钠（Na_2HPO_4）9.64g，蒸馏水 1000ml。

（2）M/15 磷酸二氢钾液：磷酸二氢钾（KH_2PO_4）9.073g，蒸馏水 1000ml。使用时将上述原液按下表配制成不同的 pH 缓冲液（表 4-3）：

表 4-3　缓冲液配制

pH	M/15KH_2PO_4(ml)	M/15Na_2HPO_4(ml)	蒸馏水(ml)
6.8	4.0	5.1	90.0
7.0	6.3	3.7	90.0
7.2	7.3	2.7	90.0

染色时临时配制成 pH7.0 或 7.2 的缓冲液。

常用的染色剂有姬氏染剂（Giemsa's stain）和瑞氏染剂（Wright's stain）。

（1）姬氏染色法：此法染色效果良好，血膜褪色较慢，保存时间较久，但染色时间较长。

1）染液配置：姬氏染剂粉 1g，甲醇 50ml，纯甘油 50ml。将姬氏染剂粉置于研钵中（最好用玛瑙研钵），加小量甘油充分研磨，加甘油再磨，直至 50ml 甘油加完为止，倒入棕色玻瓶中。然后分几次用少量甲醇冲洗钵中的甘油染粉，倒入玻瓶直至 50ml 甲醇用完为止，塞紧瓶塞，充分摇匀，置 65℃ 温箱内 24 小时或室温内 1 周后过滤，备用。

2）染色方法：用 pH7.0～7.2 的缓冲液，将姬氏染液稀释；比例约为 15～20 份缓冲液加 1 份姬氏染液。用蜡笔划出染色范围，将稀释的姬氏染液滴于已固定的薄、厚血膜上，染色半小时（室温），再用上述缓冲液冲洗。血片晾干后镜检。

（2）快速姬氏染色法：姬氏染液 1ml，加缓冲液 5ml，如前法染色 5 分钟后用缓冲液冲洗,晾干后镜检。

(3) 瑞氏染色法:此法操作简便,适用于临床诊断,但甲醇蒸发甚快,掌握不当易在血片上留下染液沉渣,并较易褪色,保存时间不长,故多用于临时性检验。

1) 染液配制:瑞氏染剂粉0.1~0.5g,甲醇97ml,甘油3ml。将瑞氏染剂加入甘油中充分研磨,然后加少量甲醇,研磨后倒入瓶内,再分几次用甲醇冲洗钵中的甘油溶液,倒入瓶内,直至用完为止。摇匀,24小时后过滤待用。一般1~2周后再过滤。

2) 染色方法:瑞氏染剂含甲醇,因此制备薄血膜时不需另行固定,而厚血膜则需先经溶血,待血膜干后才能染色。染色前先将薄血膜和溶过血的厚血膜一起用蜡笔画好染色范围,以防滴加染液时外溢。染液应覆盖全部厚、薄血膜上,30秒至1分钟后再用滴管加等量的蒸馏水,轻轻摇动载玻片,使蒸馏水和染液混合均匀,此时出现一层灿铜色浮膜(染色),3~5分钟后用水缓慢从玻片一端冲洗(注意勿先倒去染液或直接对血膜冲洗),晾干后镜检。

(二) 检查微丝蚴

1. 新鲜血片检查　晚间9时到次晨2时取耳垂血1大滴滴于载玻片上,加盖片,在低倍镜下观察,发现蛇形游动的幼虫后,做染色检查,以确定虫种。

2. 厚血膜检查　厚血膜的制作、溶血、固定与疟原虫的姬氏液染色法相同。但需取血3滴,也可用德氏苏木染色法染色。该染液的配制方法如下:

取苏木精1g溶于乙醇或95%的乙醇溶液10ml中,加饱和硫酸铝铵(8%~10%)100ml,倒入棕色瓶中,瓶口用两层纱布扎紧,在阳光下氧化2~4周,过滤,加甘油25ml和甲醇25ml,用时稀释10倍左右,将溶血、固定的厚血膜置于德氏苏木精液内10~15分钟,在1%乙醇溶液中分色1~2分钟,蒸馏水洗涤1~5分钟,至血膜呈蓝色,再用1%伊红染色0.5~1分钟,以水洗涤2~5分钟,晾干后镜检。

3. 活微丝蚴浓集法　在离心管内加蒸馏水半管,加血液10~12滴,再加生理盐水混匀,离心(3000r/min)3分钟,取沉渣检查。或取静脉血1ml,置于盛有0.1ml 3.8%枸橼酸钠的试管中,摇匀,加水9ml,红细胞破裂后,再离心2分钟,倒去上清液,加水再离心,取沉渣镜检。

三、排泄物与分泌物的检查

(一) 痰液

痰中可能查见卫氏肺吸虫卵、溶组织内阿米巴滋养体、棘球蚴的原头蚴、粪类圆线虫幼虫、蛔虫幼虫、钩虫幼虫、尘螨等;卡氏肺孢子虫的包囊也可出现于痰中,但检出率很低。

1. 肺吸虫卵检查　可先用直接涂片法检查,如为阴性,改为浓集法集卵,以提高检出率。

(1) 直接涂片法:在洁净载玻片上先加 1~2 滴生理盐水,挑取痰液少许,最好选带铁锈色的痰,涂成痰膜,加盖片镜检。如未发现肺吸虫卵,但见有夏科-雷登结晶,提示可能是肺吸虫感染,多次涂片检查为阴性者,可改用浓集法。

(2) 浓集法:收集 24 小时痰液,置于玻璃杯中,加入等量 10% NaOH 溶液,用玻棒搅匀后,放入 37℃温箱内,数小时后痰液消化成稀液状,再分装于数个离心管内,以 1500r/min 离心 5~10 分钟,弃去上清液,取沉渣涂片检查。

2. 溶组织内阿米巴滋养体检查　取新鲜痰液作涂片。天冷时应注意镜台上载玻片保温。高倍镜观察,如为阿米巴滋养体,可见其伸出伪足并作定向运动。

上述其他蠕虫幼虫及螨类等宜用浓集法检查。

(二) 十二指肠液和胆汁

用十二指肠引流管抽取十二指肠液及胆汁,以直接涂片法镜检;也可以经离心浓集后,取沉渣镜检。可检查蓝氏贾第鞭毛虫滋养体、华支睾吸虫卵、肝片形吸虫卵和布氏姜片虫卵等。在急性阿米巴肝脓肿患者胆汁中偶可发现滋养体。

检查方法:可将十二指肠引流液滴于载玻片上,加盖片后直接镜检。为提高检出率,常将引流液加生理盐水稀释搅拌后,分装于离心管内,以 2000r/min,离心5~10 分钟,吸取沉渣涂片镜检。如引流液过于黏稠,应先加 10% NaOH 溶液消化后再离心。引流中的贾第虫滋养体常附着在黏液小块上,或虫体聚集成絮片状物。肝片形吸虫卵与姜片虫卵不易鉴别,但前者可出现于胆汁;而后者只见于十二指肠液中。

(三) 尿液

取尿液 3~5ml,离心(2000r/min)3~5 分钟,后取沉渣镜检。但乳糜尿需加等量乙醚,用力振荡,使脂肪溶于乙醚,然后吸去脂肪层,离心,取沉渣镜检。尿液中可查见阴道毛滴虫、丝虫微丝蚴、埃及血吸虫卵等。

(四) 鞘膜积液

主要检查班氏微丝蚴。阴囊皮肤经碘酒消毒后,用注射器抽取鞘膜积液作直接涂片检查,也可以加适量生理盐水稀释离心,取沉渣镜检。

(五) 阴道分泌物

检查阴道毛滴虫。用消毒棉签在受检者阴道后穹隆、子宫颈及阴道壁上取分泌物,然后用生理盐水涂片镜检,可发现活动的虫体。天气寒冷时,应注意保温。

四、其他器官组织检查

(一) 骨髓穿刺

主要检查杜氏利什曼原虫无鞭毛体。一般常作髂骨穿刺,嘱患者侧卧,暴露髂骨部位。视年龄大小,选用17~20号带有针芯的干燥无菌穿刺针,从髂骨前上棘后约1cm处刺入皮下,当针尖触及骨面时,再慢慢地钻入骨内约0.5~1.0cm,即可拔出针芯,接2ml干燥注射器,抽取骨髓液。取少许骨髓液作涂片,甲醇固定,同薄血膜染色法染色,油镜检查。

(二) 淋巴结穿刺

1. 利什曼原虫　检出率低于骨髓穿刺,但方法简便、安全。对于以往治疗过的患者,因其淋巴结内原虫消失较慢,故仍有一定价值。穿刺部位一般选腹股沟部,先将局部皮肤消毒,用左手拇指和食指捏住一个较大的淋巴结,右手用一干燥无菌6号针头刺入淋巴结。稍待片刻,拔出针头,将针头内少量淋巴结组织液滴于载玻片上,做涂片染色检查。

2. 丝虫成虫　同上法获取淋巴组织液,染色后镜检。

(三) 肌肉活检

1. 旋毛虫幼虫　从患者腓肠肌、肱或股二头肌取米粒大小肌肉一块,置于载玻片上,加50%甘油溶液1滴,盖上另一载玻片,均匀压紧,低倍镜下观察。取下的肌肉须立即检查,否则幼虫会变得模糊,不易观察。

2. 并殖吸虫、裂头蚴、猪囊尾蚴　摘取肌肉内的结节,剥除外层纤维被膜,在2张载玻片间压平、镜检。也可经组织固定后作切片染色检查。

(四) 皮肤及皮下组织活检

1. 囊尾蚴、裂头蚴、并殖吸虫　参见肌肉检查。

2. 皮肤利什曼原虫　在皮肤上出现丘疹和结节等疑似皮肤型黑热病患者,可选择皮损较明显之处,做局部消毒,用干燥灭菌的注射器,刺破皮损处,抽取组织液做涂片;或用消毒的锋利小剪,从皮损表面剪取一小片皮肤组织,以切面做涂片;也可用无菌解剖刀切一小口,刮取皮肤组织做涂片。以上涂片均用瑞氏或姬氏染液染色。如涂片未见原虫,可割取小丘疹或结节,固定后,作组织切片染色检查。

3. 疥螨

(1) 针挑法:用消毒针尖挑破隧道上方皮肤,在隧道末端挑出疥螨,置载玻片上,加1滴甘油,盖上盖玻片后镜检。或用解剖镜直接检查皮损部位,发现隧道及其盲端内疥螨轮廓，用手术刀尖挑出虫体，镜检，阳性率可达 95% 以上。

（2）刮片法：取消毒的矿物油少许，滴在丘疹表面，用消毒刀片轻刮数下，至表皮上有微小渗血点为度。将几个丘疹的刮取物置于载玻片上的矿物油滴中，加盖片镜检，可查见疥螨和卵。

4. 蠕形螨

（1）挤压涂片法：用痤疮压迫器、弯镊子、蘸水笔尖钝端等，刮受检者皮肤或用手指直接挤压皮肤，将刮出或挤出的皮脂腺分泌物涂于载玻片上，加 1 滴甘油或石蜡油，再加盖玻片后轻压，使其均匀铺开，镜检。

（2）透明胶纸粘贴法：取长约 5~6cm 的透明胶纸，睡前贴于面部的额、鼻、鼻沟及颏部等处，次晨取下胶纸，贴在载玻片上镜检。如胶纸下气泡较多，可揭开后加 1 滴石蜡油，再粘贴到载玻片上。检出率约 90%。此法简单易行，无痛苦，适用于普查。

（五）直肠黏膜活检

1. 日本血吸虫卵　用直肠镜观察后，自可疑病变处钳取米粒大小的黏膜一块，用生理盐水冲洗后，放在两个载玻片间，轻轻压平，镜检。各型血吸虫卵鉴别见表 4-4。

表 4-4　黏膜内未染色血吸虫卵之鉴别

活卵	近期变性卵	死卵（钙化卵）
淡黄至黄褐色	灰白至略黄色	灰褐至棕红色
卵壳较薄	卵壳薄或不均匀	卵壳厚而不均匀
轮廓清楚	轮廓清楚	轮廓不清楚
卵黄细胞或胚团或毛蚴	浅灰色或黑色小点或折光均匀的颗粒或萎缩的毛蚴	两极可有密集的黑点、含网状状结构或块状结构物

2. 溶组织阿米巴　用乙状结肠镜观察溃疡形状，自溃疡边缘或深层刮取溃疡组织置于载玻片上，加少量生理盐水，盖上盖片，轻轻压平，立即镜检。也可取出一小块病变黏膜组织，固定后切片染色镜检。

（六）肺组织活检

检查肺孢子虫包囊。取一小块肺组织作涂片，自然干燥后甲醇固定，用改良银染色法进行染色。

改良银染色法染色步骤：

1. 将肺涂片置于 5% 铬酸，于 20℃ 氧化 15 分钟，氧化后的标本以流水冲洗数秒。

2. 1% 亚硫酸氢钠浸 1 分钟，自来水冲洗后，蒸馏水洗涤 3~4 次。

3. 放入四胺银工作液内，并在 60℃ 孵育约 90 分钟，至标本转至黄褐色为止。流水、蒸馏水各洗 5 分钟。

4. 1% 氯化金浸 2~5 分钟，蒸馏水洗 4~5 次。

5. 2% 硫代硫酸钠浸 5 分钟，流水至少洗 10 分钟。

6. 亮绿复染 45 秒。

7. 95% 乙醇溶液、99% 乙醇溶液、无水乙醇逐级脱水。

8. 二甲苯透明 3 次，树胶封片。

染色结果显示，卡氏肺孢子虫包囊呈圆形、卵圆形或不规则的多角形，囊壁为淡褐色或深褐色。红细胞为淡黄色，背景呈淡绿色。

第五章　免疫学诊断技术

病原学检测技术虽有确诊疾病的优点,但对早期和隐性感染,以及晚期和未治愈的患者确常常出现漏诊。相反,免疫学诊断技术则可作为辅助手段弥补这方面的不足。随着抗原纯化技术的进步、诊断方法准确性的提高和标准化的解决,使得免疫学诊断技术更加广泛地用于寄生虫病的临床诊断、疗效考核以及流行病学调查。鉴于各种免疫学诊断技术,在相应的免疫学书籍或手册中均有全面介绍,故本节重点介绍与寄生虫病诊断有关的免疫学检查技术。

一、一般免疫学诊断技术

(一) 皮内试验

皮内试验(intraderminal test,ID),宿主在寄生虫变应原刺激后,体内产生亲细胞性抗体(IgE 和 IgG_4)。当其与相应抗原结合后,肥大细胞和嗜碱粒细胞脱颗粒,释放生物活性物质,引起注射抗原的局部皮肤出现皮丘及红晕,以此便可判断体内是否有某种特异性抗体存在。

皮内试验用于多种蠕虫病,如血吸虫病、肺吸虫病、姜片吸虫病、囊虫病、棘球蚴病等的辅助诊断和流行病学调查。本法简单、快速,尤适用于现场应用,但假阳性率较高。

(二) 免疫扩散和免疫电泳

1. 免疫扩散(immunodiffusion)　在一定条件下,抗原与抗体在琼脂凝胶中相遇,在二者含量比例合适时形成肉眼可见的白色沉淀。本法有两种类型:①单相免疫扩散:将一定量的抗体混入琼脂凝胶中,使抗原溶液在凝胶中扩散而形成沉淀环,其大小与抗原量成正比;②双相免疫扩散:将抗原与抗体分别置于凝胶板的相对位置,二者可自由扩散并在中间形成沉淀线。用双相免疫扩散法既可用已知抗原检测未知抗体,也可用已知抗体检测未知抗原。

2. 免疫电泳(immunoelectrophoresis)　是将免疫扩散与蛋白质凝胶电泳相结合的一项技术。事先将抗原在凝胶板中电泳,之后在凝胶槽中加入相应抗体,抗原和抗体双相扩散后,在比例合适的位置,产生肉眼可见的弧形沉淀线。

免疫扩散法和免疫电泳法,除可用于某些寄生虫病的免疫诊断外,还可用于寄生虫抗原鉴定和检测免疫血清的滴度。

（三）间接红细胞凝集试验

间接红细胞凝集试验（indirect haemagglutination test，IHA）以红细胞作为可溶性抗原的载体并使之致敏。致敏的红细胞与特异性抗体结合而产生凝集，抗原与抗体间的特异性反应即由此而显现。常用的红细胞为绵羊或 O 型人红细胞。

IHA 操作简便，特异性和敏感性均较理想，适宜寄生虫病的辅助诊断和现场流行病学调查。现已用于诊断疟疾、阿米巴病、弓形虫病、血吸虫病、囊虫病、旋毛虫病、肺吸虫病和肝吸虫病等。

（四）间接荧光抗体试验

间接荧光抗体试验（indirect fluorescent antibody method，IFA）用荧光素（异硫氰基荧光素）标记第二抗体，可以进行多种特异性抗原抗体反应，即可检测抗原又可检测抗体。本法具有较高的敏感性、特异性和重现性等优点，除可用于寄生虫病的快速诊断，流行病学调查和疫情监测外，还可用于组织切片中抗原定位以及在细胞和亚细胞水平观察和鉴定抗原、抗体和免疫复合物。在诊断方面，已用于疟疾、丝虫病、血吸虫病、肺吸虫病、华支睾吸虫病、包虫病及弓形虫病。

（五）对流免疫电泳试验

对流免疫电泳试验（counter-immunoelectrophoresis，CIE）是以琼脂或琼脂糖凝胶为基质的一种快速，敏感的电泳技术。既可用已知抗原检测抗体，又可用已知抗体检测抗原。反应结果可信度高，适用范围广。以本法为基础改进的技术有酶标记抗原对流免疫电泳（enzyme-linked antigen counterimmunoelectrophoresis，ELACIE）和放射对流免疫电泳自显影（radio-immuno-counterelectro-phoretic autography，RCIE-PA）等技术。二者克服了电泳技术本身不够灵敏的弱点。本法可用于血吸虫病、肺吸虫病、阿米巴病、贾第虫病、锥虫病、棘球蚴病和旋毛虫病等的血清学诊断和流行病学调查。

（六）酶联免疫吸附试验

酶联免疫吸附试验（enzyme-linked immunosorbent assay，ELISA）原理是将抗原或抗体与底物（酶）结合，使其保持免疫反应和酶的活性。把标记的抗原或抗体与包被于固相载体上的配体结合，再使之与相应的五色底物作用而显示颜色，根据显色深浅程度目测或用酶标仪测定 OD 值判定结果。

本法可用于宿主体液、排泄物和分泌物内特异抗体或抗原的检测。已用于多种寄生虫感染的诊断和血清流行病学调查。

（七）免疫酶染色试验

免疫酶染色试验(immunoenzyme staining test,IEST)以含寄生虫病原的组织切片、印片或培养物涂片为固相抗原,当其与待测标本中的特异性抗体结合后,可再与酶标记的第二抗体反应形成酶标记免疫复合物,后者可与酶的相应底物作用而出现肉眼或光镜下可见的呈色反应。本法适用于血吸虫病、肺吸虫病、肝吸虫病、丝虫病、囊虫病和弓形虫病等的诊断和流行病学调查。

（八）免疫印迹试验

免疫印迹试验(immunobloting technique,ELIB)又称免疫印渍或 Western blot,是由十二烷基硫酸钠-聚丙烯酸胺凝胶电泳(SDS-PAGE)、电转印及固相酶免疫试验三项技术结合为一体的一种特殊的分析检测技术。本法具有高度敏感性和特异性,可用于寄生虫抗原分析和寄生虫病的免疫诊断。

二、寄生虫学特殊免疫学诊断技术

（一）诊断弓形虫感染的染色试验

染色试验(dye test,DT)是诊断弓形虫病的一种经典方法,具有高度的特异性和敏感性。

1. 原理　当将活弓形虫滋养体与正常血清混合,在37℃孵育1小时或室温数小时后,大多数虫体失去原有的新月形特征,而变为圆形或椭圆形,此时若用碱性亚甲蓝染色则胞质深染。相反,当将虫体与免疫血清和补体(辅助因子)混合时,则仍保持原有形态,对碱性亚甲蓝也不着色。

2. 材料和试剂

(1) 辅助因子:取正常人血清,与弓形虫速殖子混合,于37℃作用1小时,只有90%以上虫体被亚甲蓝染色,该血清方可使用,分装后置-20℃备用。

(2) 抗原制备:用弓形虫速殖子经腹腔感染小鼠,3日后抽取腹腔液,以生理盐水离心(3000r/min,10分钟)3次,收集纯净虫体,用含补体的血清稀释后,将虫液调至约50个虫体/高倍视野。

(3) 碱性亚甲蓝溶液:将亚甲蓝10g,溶于100ml浓度为95%乙醇溶液内,制成饱和酒精溶液,过滤后取3ml再与10ml临时配制的碱性缓冲液(pH11.0)混合。

(4) 待检血清:经56℃、30分钟灭活,4℃保存备用。

(5) 检测:取经生理盐水倍比稀释的待检血清,每管0.1ml,加抗原液0.1ml,置37℃水浴1小时,加碱性亚甲蓝溶液0.02ml/管,继续水浴15分钟,自每管取悬液1滴镜检。

(6) 结果判断：镜下计数 100 个弓形虫速殖子，统计着色和不着色速殖子比例数。以 50% 虫体不着色的血清稀释度为该份受试血清的最高稀释度。以血清稀释度 1 ∶8 阳性者判断为隐性感染；1 ∶125 阳性者为活动性感染；1 ∶1024 及以上阳性者为急性感染。

(二) 环卵沉淀试验(Circumoval precipitin test，COPT)

1. 原理　本试验是专门用于诊断血吸虫病的免疫学试验。血吸虫卵内毛蚴分泌的抗原物质经卵壳微孔渗出后与待检血清内的特异抗体结合，可在虫卵周围形成镜下可见的免疫复合物沉淀，即为阳性反应。产生阳性反应虫卵占全部虫卵的百分率称环沉率。

2. 试验步骤　用毛笔蘸取熔化的石蜡，在洁净的载玻片上划两条与其长轴垂直的平行线(间距约 20mm)，再划两条蜡线使成正方形。在其中滴加待检血清 2~3 滴，用细针挑取适量鲜卵或干卵(约 100~150 个)，混匀，盖以 24mm×24mm 盖片，用石蜡密封，37°C 保温，48 小时后低倍镜观察结果(必要时可至 72 小时)。

3. 结果观察　典型的阳性反应为卵壳周围出现泡状、指状、片状或细长卷曲状的折光性沉淀物。观察 100 个虫卵，计算环沉率。凡环沉率≥5% 者为阳性(在血吸虫病传播控制或传播阻断地区环沉率≥3% 者可判为阳性)，1% ~4% 者为弱阳性。环沉率的动态变化在治疗上具有参考意义。

三、单克隆抗体在寄生虫病诊断中的应用

单克隆抗体(monoclonal antibody，McAb)是用经特异性抗原刺激的 B 淋巴细胞与骨髓瘤细胞杂交、融合后分泌的一种单一的特异性抗体。MoAb 已广泛用于寄生虫种株分型与鉴定，虫体结构与功能分析，免疫病理研究，分析、纯化抗原以及制备保护性疫苗等。利用 McAb 检测循环抗原诊断疟疾、弓形虫病、血吸虫病、肺吸虫病、棘球蚴病、丝虫病等国内外已有报道。

第六章　分子生物学诊断技术

新近发展的分子生物学诊断技术即基因和核酸诊断技术，在寄生虫病的诊断中显示了高度的敏感性和特异性，同时具有早期诊断和确定现症感染等优点。本项技术主要包括DNA探针(DNA probe)和聚合酶链反应(polymerase chain reaction，PCR)两种技术。

一、DNA探针技术

DNA探针(或称基因探针)是指用同位素、生物素、酶或其他半抗原标记的特定DNA片段。在其与DNA样本杂交过程中，借助上述标记物可探查出特异性或差异性DNA。双链DNA的变性和复性特点是本技术的基础。经加热，或在强酸、强碱作用下，双链DNA氢键被破坏，双股链分离，变成单链(此即变性)；而当条件缓慢变为中性或温度下降(50°C左右)时，氢键恢复，分开的两股单链又重新合为互补的双链结构(此即复性)。DNA探针分子杂交就是将样本DNA分子经上述条件处理后，使其变性为单链状态，固定在载体硝酸纤维膜上，再与经小分子标记的DNA探针单链分子混合，在一定条件下使它们互补杂交结合。将未杂交的成分洗脱后，标记物显色，即可观察结果。

目前，DNA探针已用于疟原虫、隐孢子虫、贾第虫、锥虫、巴贝斯虫、弓形虫、丝虫、血吸虫、棘球蚴、猪带绦虫、肝片吸虫和猪囊虫等虫种的鉴定和相应疾病的诊断。

基因芯片技术(gene chip)是20世纪90年代由基因探针技术发展而来的一项新技术。它将集成电路、计算机、半导体、激光共聚焦扫描、荧光标记探针等技术结合为一体，使众多的寡核苷酸探针有规律地排列在硅片上(探针密度可达105/cm^2)，用其可与带有荧光标记的DNA样品杂交，再通过计算机分析荧光信号获得待测DNA样品的序列信息。基因芯片技术大大提高了基因探针的检测效率。在寄生虫学领域，本技术还处于研究之中，目前线虫基因组芯片也已问世。

二、PCR　技　术

PCR是在引物介导下特异性扩增DNA的一种技术。它包括模板DNA热变性解链-引物与模板DNA退火引物延伸3个步骤的循环过程。其基本原理是在实验条件下,根据温度的变化控制 DNA 解链和退火(引物与模板 DNA 结合),在引物启动和 DNA 聚合酶催化下,合成二引物特定区域内的 DNA 链。上述“解链-退火-延伸”3 个连续步骤一个循环。经过 20~30 个循反应,可使引物特定区段的 DNA 量增加至少 105 倍。

此外,PCR 具有特异性强、敏感性高、操作简便、快速、样品处理简单等优点。反应过程可在 PCR 仪内自动进行。除常规 PCR 外,还有诸如 RT-PCR、巢氏 PCR、复合 PCR、非对称 PCR 和免疫 PCR 等多种 PCR 技术。

目前,PCR 技术多用于寄生虫病的基因诊断,分子流行病学研究和种株鉴定、分析等领域。已应用的虫种包括利什曼原虫、疟原虫、弓形虫、卡氏肺孢子虫、阿米巴、巴贝氏虫、旋毛虫、锥虫、隐孢子虫、贾第虫、猪带绦虫和丝虫等。

附录 寄生虫病实验诊断方法总结表与人体寄生虫形态参考图

(一) 常见寄生虫病实验诊断方法总结(附表1)

附表1 常见寄生虫病实验诊断方法总结

病名	检查内容	病原学检查												免疫学检查							
		粪便检查								血液检查			其他检查	皮试	血清学试验						
		生理盐水涂片	碘液染色	自然沉淀	离心沉淀	盐水漂浮	离心浮聚	钩蚴培养	毛蚴孵化	薄血膜法	厚血膜法	浓集法			环卵沉淀	尾蚴膜反应	补体结合	间接血凝	胶乳凝集	间接荧光	酶标
蛔虫病	虫卵	+		+	+	+	+														
钩虫病	虫卵 钩蚴	+		+	+	+	+	+													
蛲虫病	虫卵												肛门拭子								

续表

病名	检查内容	病原学检查												免疫学检查							
		粪便检查								血液检查			其他检查	皮试	血清学试验						
		生理盐水涂片	碘液染色	自然沉淀	离心沉淀	盐水漂浮	离心浮聚	钩蚴培养	毛蚴孵化	薄血膜法	厚血膜法	浓集法			环卵沉淀	尾蚴膜反应	补体结合	间接血凝	胶乳凝集	间接荧光	酶标
鞭虫病	虫卵	+		+	+	+	+														
丝虫病	微丝蚴										+	+									
旋毛虫病	幼虫												组织活检	+						+	+
肝吸虫病	虫卵	+			+								十二指肠引流	+				+			
姜片虫病	虫卵	+		+	+																
血吸虫病	虫卵 毛蚴	+		+					+				直肠镜检	+	+	+		+			+
肺吸虫病	虫卵 童虫	+		+	+								痰检、皮下组织活检	+				+			
猪、牛带绦虫病	虫卵 孕节												肛门拭子 孕节检查								
囊虫病	猪囊尾蚴												皮下组织活检	+			+	+	+		+

续表

病名	检查内容	病原学检查												免疫学检查							
		粪便检查								血液检查			其他检查	皮试	血清学试验						
		生理盐水涂片	碘液染色	自然沉淀	离心沉淀	盐水漂浮	离心浮聚	钩蚴培养	毛蚴孵化	薄血膜法	厚血膜法	浓集法			环卵沉淀	尾蚴膜反应	补体结合	间接血凝	胶乳凝集	间接荧光	酶标
微小膜壳绦虫病	虫卵 孕节	+		+		+															
包虫病	棘球蚴或泡球蚴												手术摘除或痰、尿、腹水检查	+				+			+
阿米巴痢疾	包囊 滋养体	+	+		+		+											+		+	+
阴道 滴虫病	滋养体												阴道分泌物检查 尿液检查								
疟疾	红内期原虫									+	+							+		+	+
黑热病	利杜体 前鞭毛体												骨髓穿刺 检查培养法				+	+		+	+
弓形虫病													脑脊液、胸腹腔液镜检，动物接种					+		+	+

(二) 粪便中各类细胞、杂物与结晶图附表(附图 1)

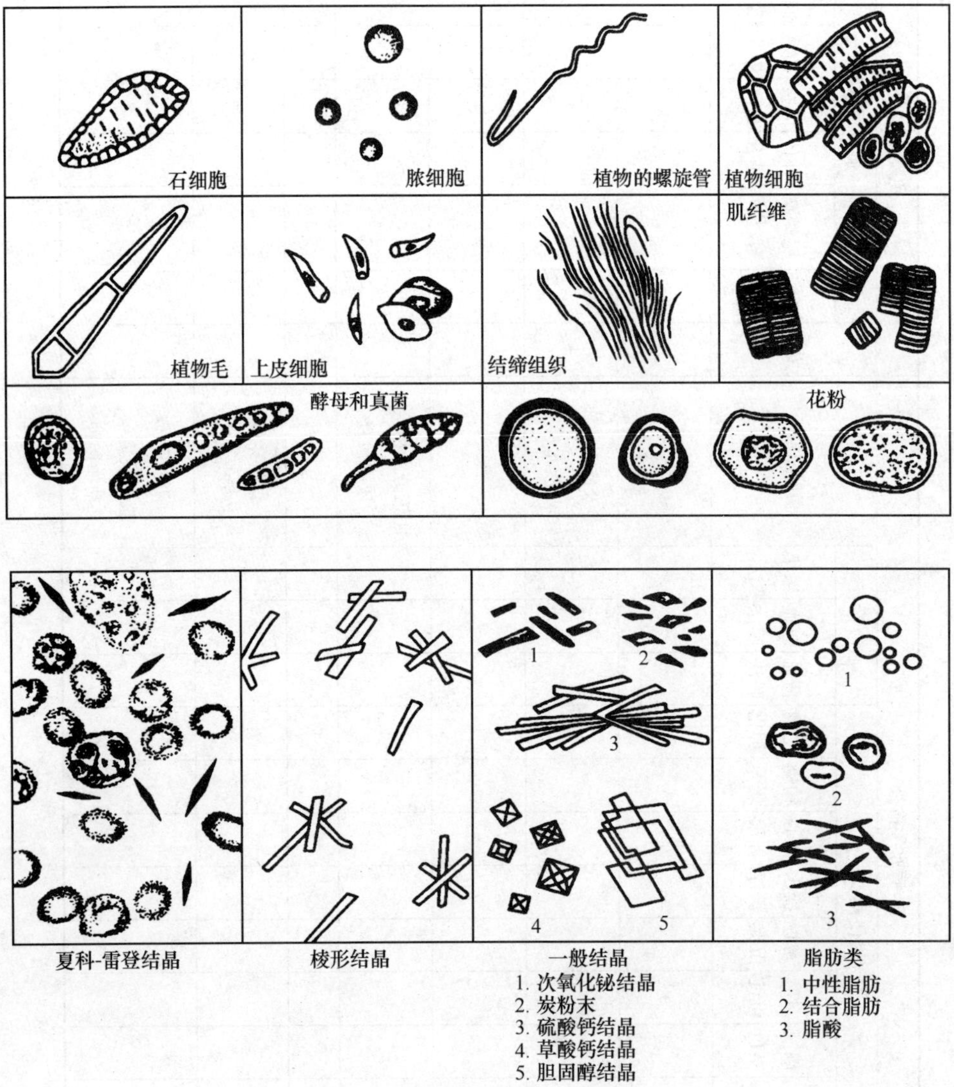

附图 1 人体粪便中各类细胞、杂物与结晶图

(三) 人体寄生虫虫卵图(附图 2)

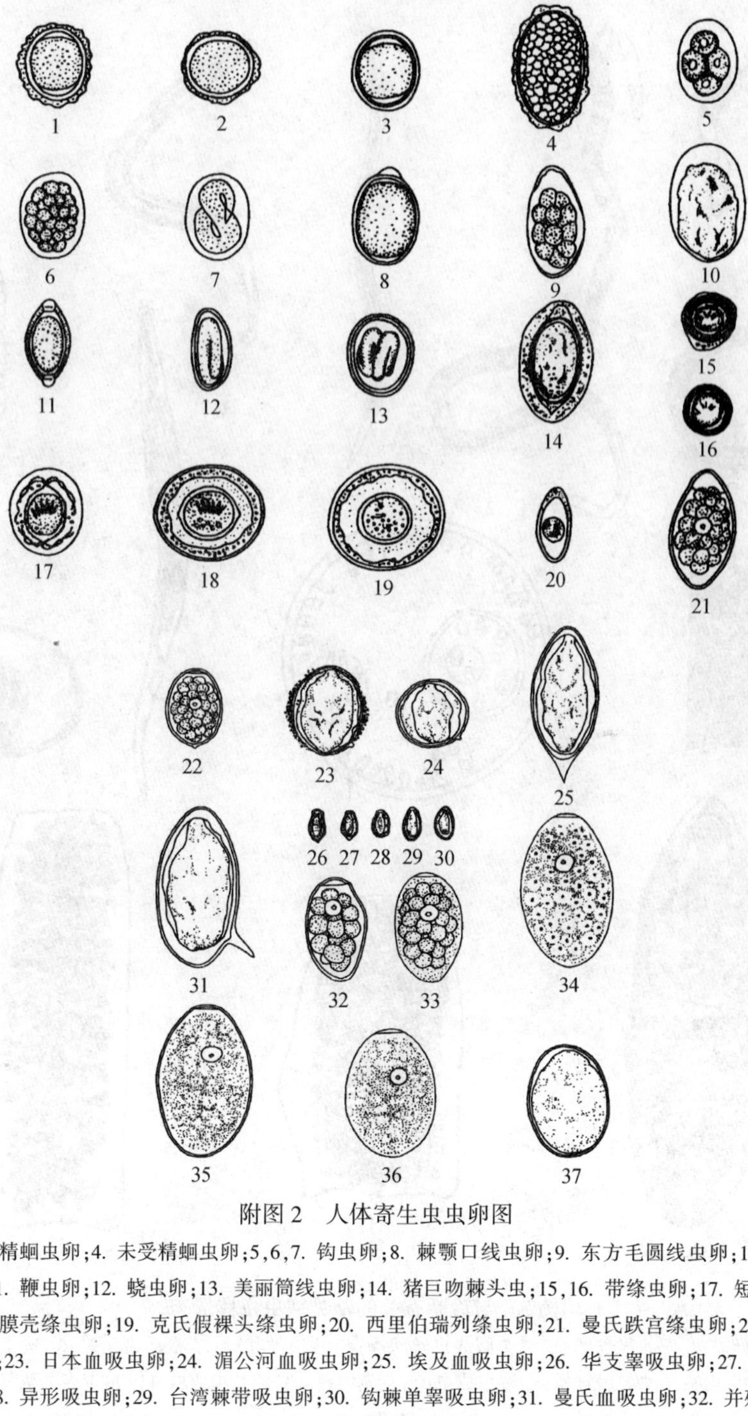

附图 2　人体寄生虫虫卵图

1,2,3. 受精蛔虫卵;4. 未受精蛔虫卵;5,6,7. 钩虫卵;8. 棘颚口线虫卵;9. 东方毛圆线虫卵;10. 粪类圆线虫卵;11. 鞭虫卵;12. 蛲虫卵;13. 美丽筒线虫卵;14. 猪巨吻棘头虫;15,16. 带绦虫卵;17. 短膜壳绦虫卵;18. 长膜壳绦虫卵;19. 克氏假裸头绦虫卵;20. 西里伯瑞列绦虫卵;21. 曼氏跌宫绦虫卵;22. 阔节裂头绦虫卵;23. 日本血吸虫卵;24. 湄公河血吸虫卵;25. 埃及血吸虫卵;26. 华支睾吸虫卵;27. 横川后殖吸虫卵;28. 异形吸虫卵;29. 台湾棘带吸虫卵;30. 钩棘单睾吸虫卵;31. 曼氏血吸虫卵;32. 并殖吸虫卵;33. 日本棘隙吸虫卵;34. 姜片虫卵;35. 肝片形吸虫卵;36. 抱茎棘吸虫卵;37. 粉螨卵

（四）与诊断有关的常见蠕虫虫体形态（附图3）

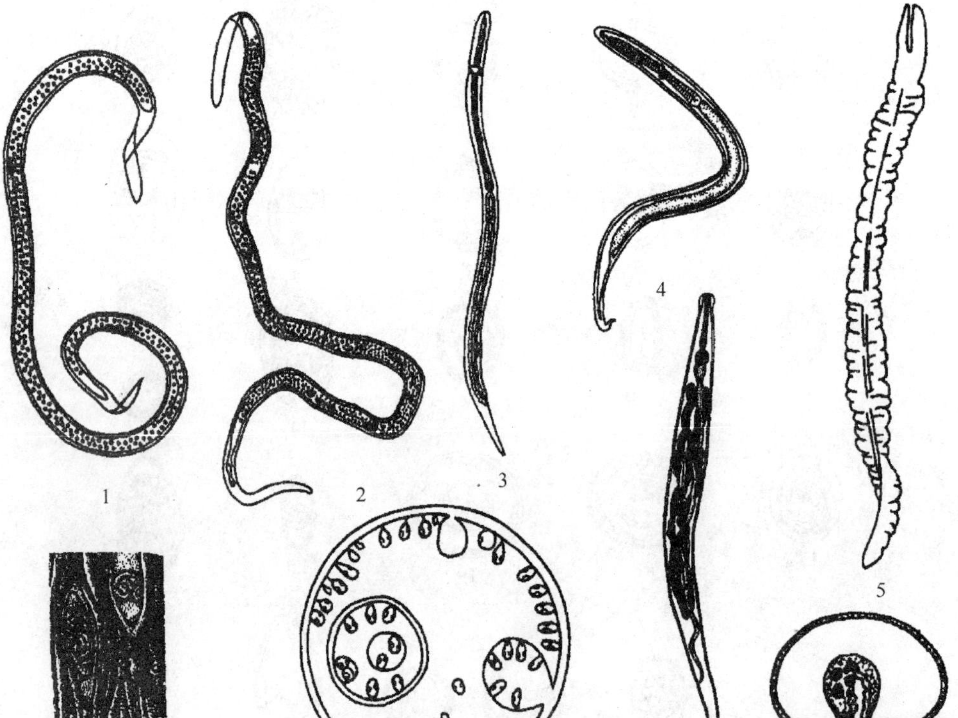

附图3　与诊断有关的常见蠕虫虫体形态

1. 班氏微丝蚴；2. 马来微丝蚴；3. 粪类圆线虫丝状蚴；4. 钩虫丝状蚴；5. 曼氏裂头蚴；6. 旋毛虫囊胞蚴（宿主肌细胞内）；7. 细粒棘球蚴；8. 蛲虫成虫；9. 猪囊尾蚴；10. 姜片虫成虫；11. 猪带绦虫孕节；12. 牛带绦虫孕节

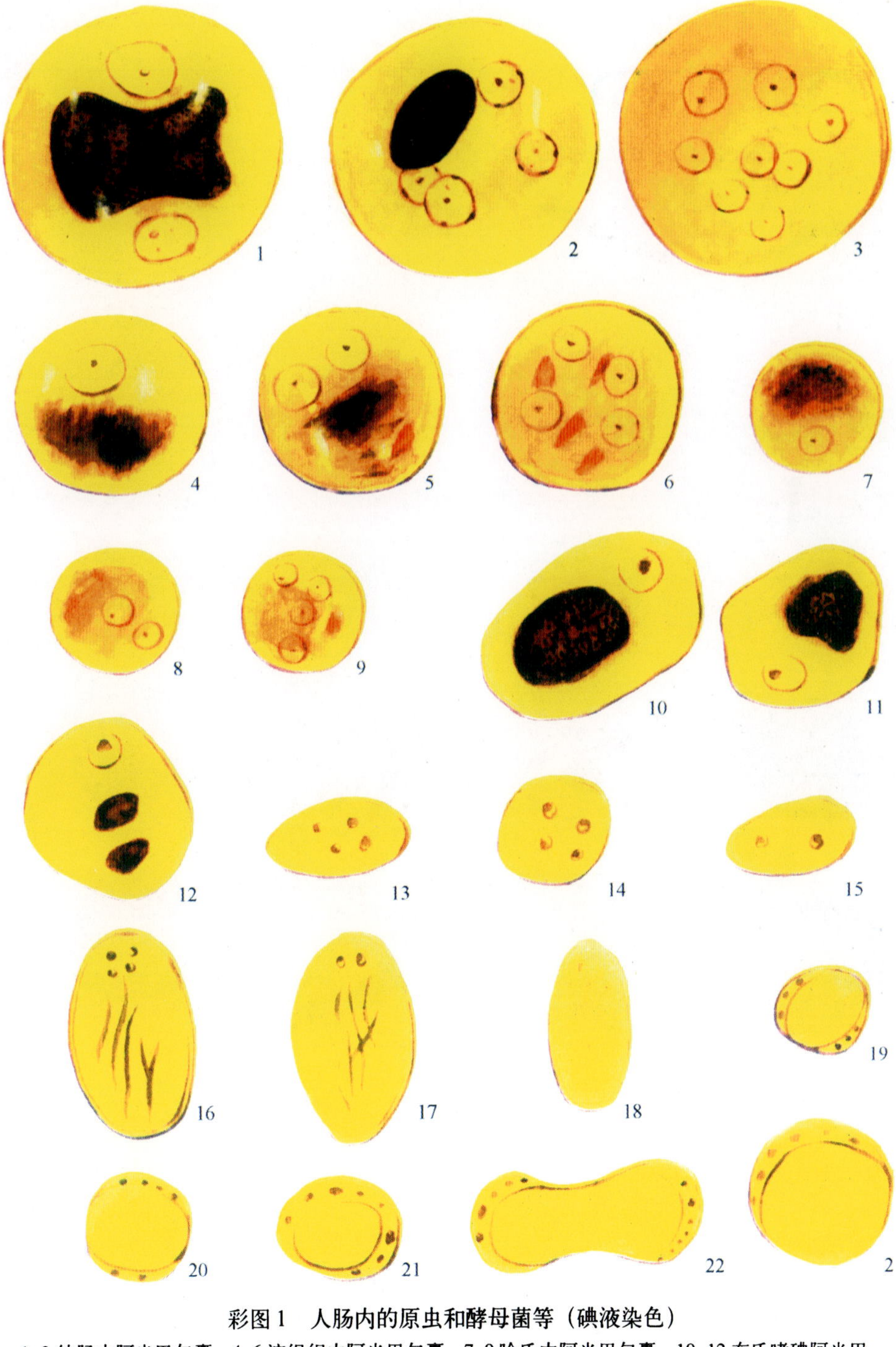

彩图 1　人肠内的原虫和酵母菌等（碘液染色）

1~3.结肠内阿米巴包囊；4~6.溶组织内阿米巴包囊；7~9.哈氏内阿米巴包囊；10~12.布氏嗜碘阿米巴；13~15.微小内蜒阿米巴；16~18.蓝氏贾第鞭毛虫；19~23.人酵母菌

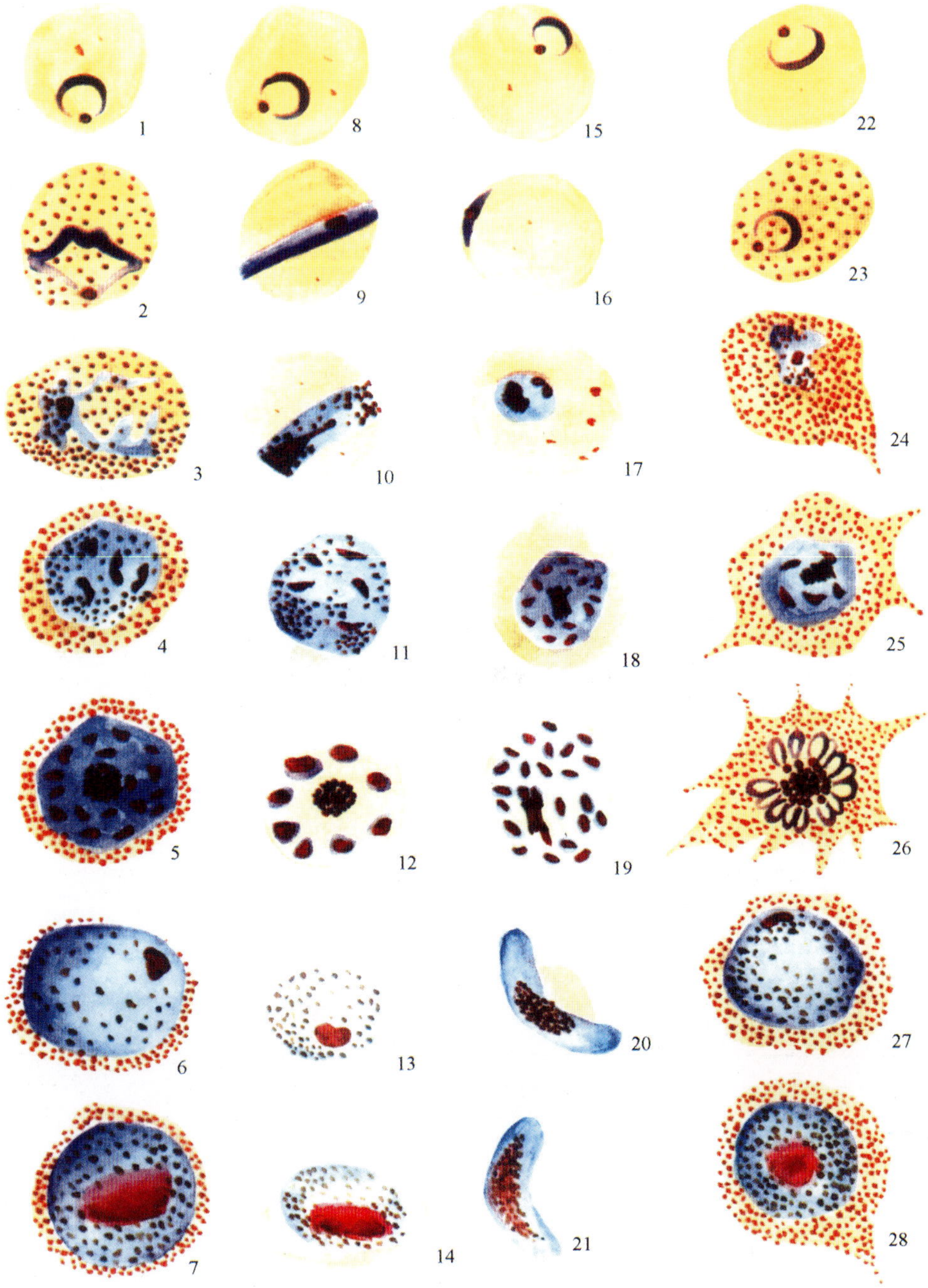

彩图2　四种人体疟原虫红细胞内期各期形态

1~7.间日疟原虫；8~14.三日疟原虫；15~21.恶性疟原虫；22~28.卵形疟原虫；1，8，15，16，22，23.环状体；2，3，9，10，17，24.大滋养体；4，11，18，25.早期裂殖体；5，12，19，26.成熟裂殖体；6，13，20，27.雌配子体；7，14，28.雄配子体

(五) 人体消化道原虫滋养体与包囊或卵囊(附图 4,附图 5)

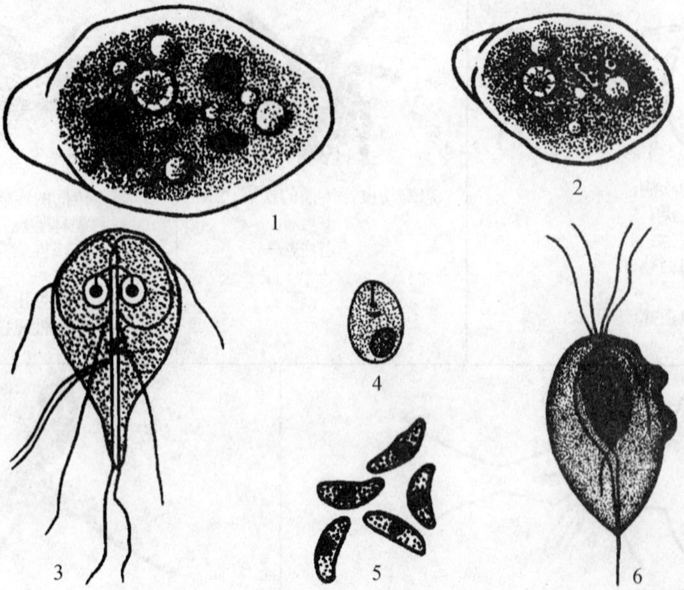

附图 4　人体常见寄生性原虫滋养体

1、2. 痢疾内阿米巴;3. 蓝氏贾第鞭毛虫;4. 杜氏利什曼原虫无鞭毛体;5. 刚地弓形虫;6. 阴道毛滴虫

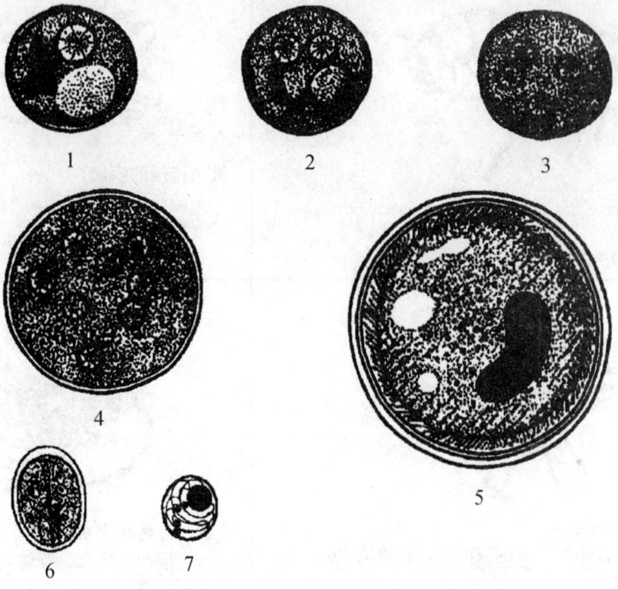

附图 5　人体消化道原虫包囊、卵囊

1、2、3. 痢疾内阿米巴包囊;4. 结肠内阿米巴包囊;5. 结肠小袋纤毛虫包囊;6. 蓝氏贾第鞭毛虫包囊;7. 隐孢子虫包囊

(六) 我国重要虫媒病及其媒虫图解(附图 6)

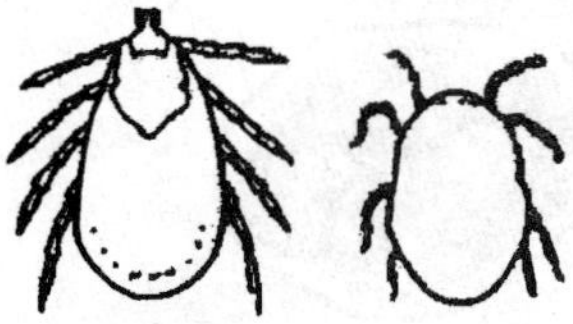

蜱，传播的疾病：
森林脑炎
莱姆病
蜱媒回归热
Q热
新疆出血热
野兔热

恙螨幼虫，传播的疾病：
恙虫病
出血热

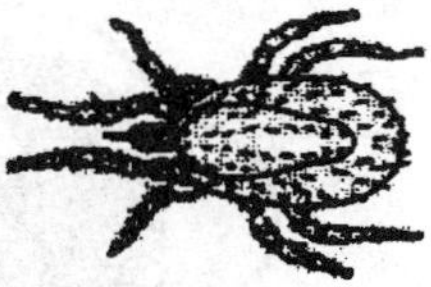

革螨，传播的疾病：
森林脑炎
疱疹性立克次体病
Q热
流行性出血热
地方性斑疹伤寒

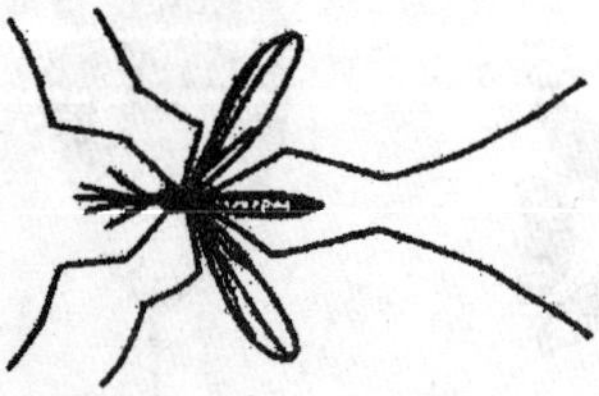

蚊，传播的疾病：
疟疾
登革热
流行性乙型脑炎
淋巴丝虫病

白蛉，传播的疾病：
黑热病

蚤，传播的疾病：
鼠疫
鼠型斑疹伤寒

虱，传播的疾病：
流行性斑疹伤寒
虱媒回归热
五日热

蝇，传播的疾病：
痢疾、霍乱、伤寒、脊髓灰质炎、肠道蠕虫病；
肺结核、肺炎；
皮肤利什曼病、细菌性皮炎、炭疽、破伤风；
沙眼、结膜炎

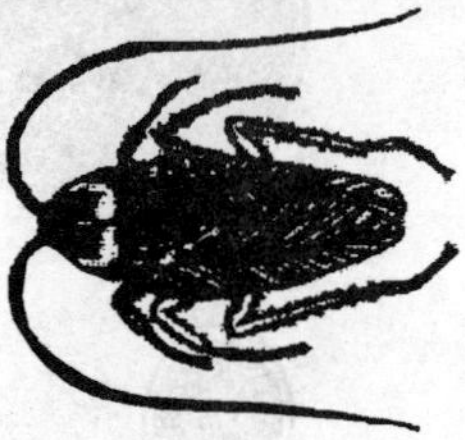

蜚蠊，传播的疾病：
痢疾、伤寒、脊髓灰质炎
肝炎

附图 6 我国重要虫媒病及其媒虫图解

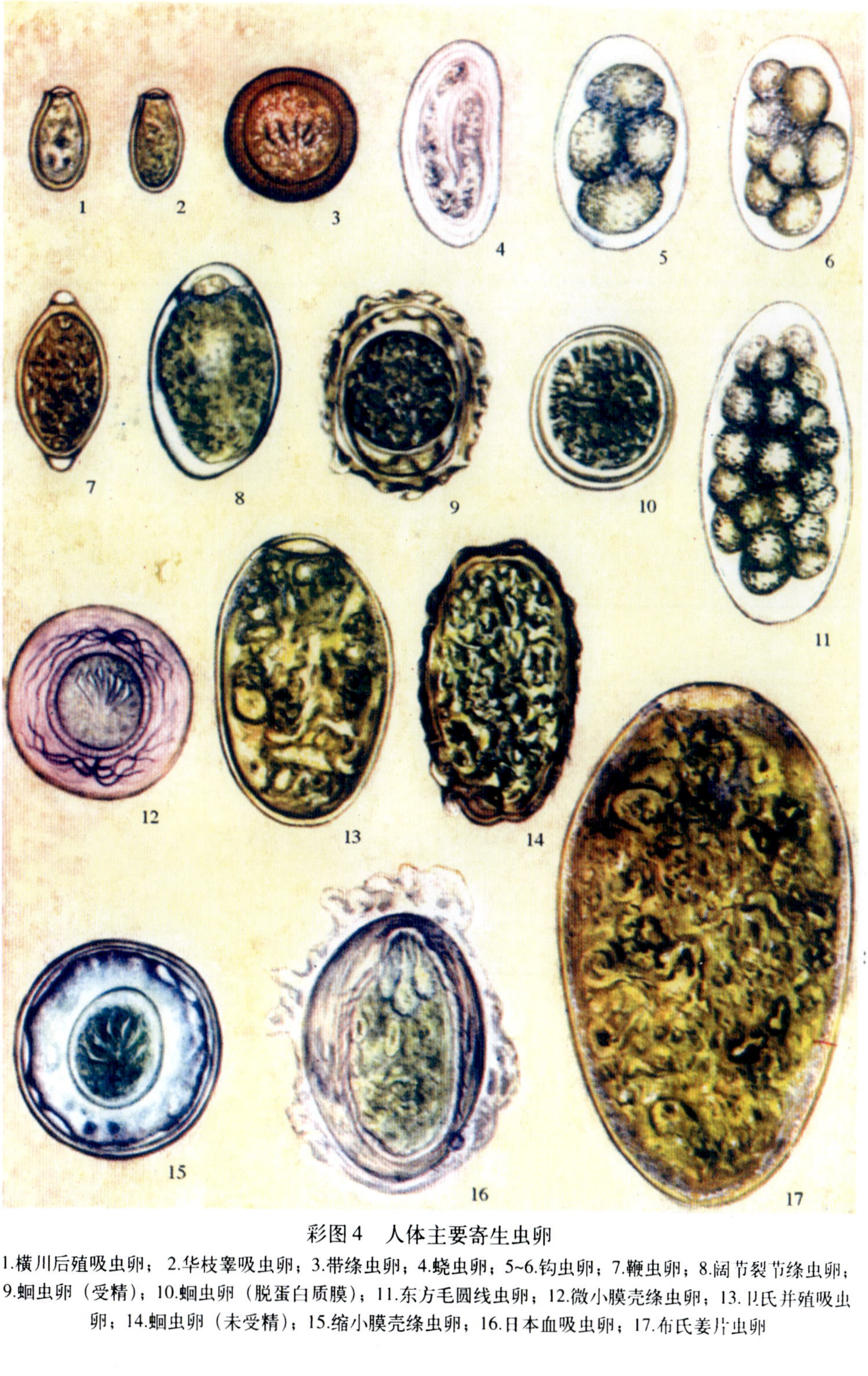

彩图4　人体主要寄生虫卵

1.横川后殖吸虫卵；2.华枝睾吸虫卵；3.带绦虫卵；4.蛲虫卵；5~6.钩虫卵；7.鞭虫卵；8.阔节裂节绦虫卵；9.蛔虫卵（受精）；10.蛔虫卵（脱蛋白质膜）；11.东方毛圆线虫卵；12.微小膜壳绦虫卵；13.卫氏并殖吸虫卵；14.蛔虫卵（未受精）；15.缩小膜壳绦虫卵；16.日本血吸虫卵；17.布氏姜片虫卵

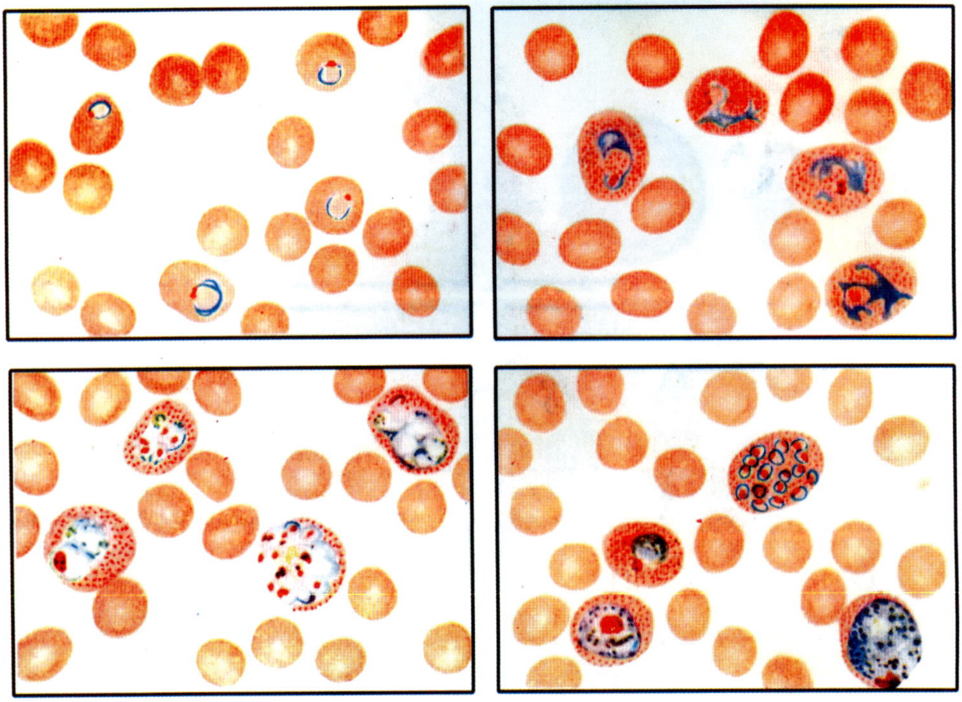

间日疟原虫(薄血膜；集中视野)1000×

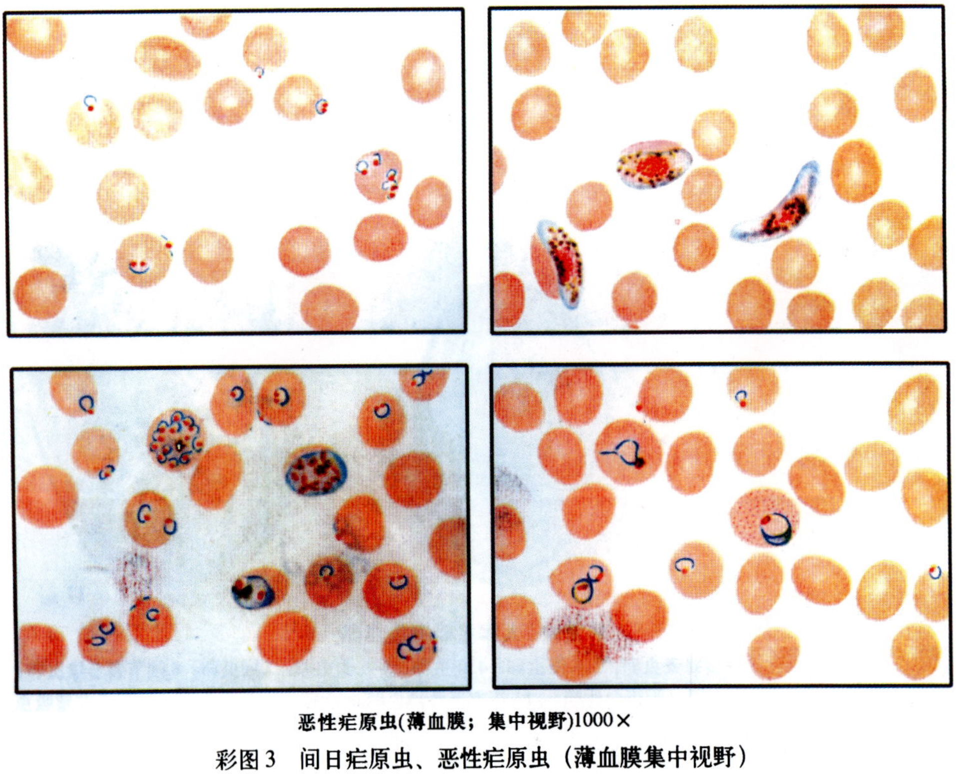

恶性疟原虫(薄血膜；集中视野)1000×

彩图3　间日疟原虫、恶性疟原虫（薄血膜集中视野）